Filantropía privada para el desarrollo en México (edición revisada)

OCDE dev
CENTRO DE DESARROLLO

El presente trabajo se publica bajo la responsabilidad del Secretario General de la OCDE. Las opiniones expresadas y los argumentos utilizados en el mismo no reflejan necesariamente el punto de vista oficial de los Países miembros de la OCDE o del Centro de Desarrollo.

Tanto este documento, así como cualquier dato y cualquier mapa que se incluya en él, se entenderán sin perjuicio respecto al estatus o la soberanía de cualquier territorio, a la delimitación de fronteras y límites internacionales, ni al nombre de cualquier territorio, ciudad o área.

Por favor, cite esta publicación de la siguiente manera:
OECD (2026), *Filantropía privada para el desarrollo en México (edición revisada)*, OECD Publishing, Paris, https://doi.org/10.1787/acca6a0f-es.

ISBN 978-92-64-94618-7 (impresa)
ISBN 978-92-64-51957-2 (PDF)
ISBN 978-92-64-34186-9 (HTML)

Publicado originalmente por la OCDE con el título: OECD (2026), *Private Philanthropy for Development in Mexico (Revised Edition)*, OECD Publishing, Paris, https://doi.org/10.1787/3d20d122-en.

Imágenes: Portada © Fernanda_Reyes/Shutterstock.com.

Las erratas de las publicaciones se encuentran en línea en: https://www.oecd.org/en/publications/support/corrigenda.html.

Prólogo

El presente informe forma parte de la investigación del Centro de Filantropía de la OCDE en economías emergentes, como la República Popular China (en adelante, "China"), Colombia, Nigeria, India y Sudáfrica. Estos estudios pretenden arrojar luz sobre la contribución de la filantropía nacional al desarrollo local y ofrecer recomendaciones sobre cuestiones fundamentales de desarrollo.

El informe se escribió con la orientación de Bathylle Missika, Jefa de la División de Desarrollo Inclusivo y Alianzas, y Priscilla Boiardi, Jefa de Equipo de la Red de Fundaciones de la OCDE que Trabajan para el Desarrollo (netFWD) y del Centro de Filantropía del Centro de Desarrollo de la OCDE. Fue elaborado por Alina Winter, Analista de Políticas del Centro de Filantropía de la OCDE, con el apoyo de Tommaso Larghetti y Rishika Banerjee. Ogulcan Ertunc, de la Dirección de Cooperación para el Desarrollo de la OCDE, desarrolló una herramienta de aprendizaje automático que permite clasificar las descripciones de los proyectos por sectores y Objetivos de Desarrollo Sostenible (ODS). Henri-Bernard Solignac-Lecomte, Delphine Grandrieux y Elizabeth Nash, del equipo de Comunicaciones para el Desarrollo, apoyaron el diseño y brindaron contribuciones editoriales.

El Centro de Filantropía de la OCDE también desea dar las gracias a Rodrigo Charvel, Fernando Nieto, Cristian Solórzano, and Fernanda Somuano del Colegio de México por su apoyo con la investigación y la recopilación de datos, a Natalia Caballero Salcido de la Fundación Azteca, a Marilú Villalón y su equipo del CEMEFI, a Sebastian Nieto Parra, José René Orozco and Laura Gutiérrez del equipo de América Latina y el Caribe en la OECD, Mario López Roldán y Rocío Medina del Centro de la OCDE para América Latina y el Caribe por su asistencia en el acto de presentación, Clara Young por la edición y a todas las organizaciones que compartieron datos para el informe.

Este informe cuenta con el apoyo de la Fundación Ford y la Fundación W.K. Kellogg.

Índice

GRÁFICOS

TABLAS

RECUADROS

Abreviaturas y acrónimos

AOD	Ayuda oficial al desarrollo
CAD	Comité de Ayuda al Desarrollo (OCDE)
CIESC	Centro de Investigación y Estudios sobre Sociedad Civil
CRS	Sistema de Notificación de los Países Acreedores (OCDE)
DEV	Centro de Desarrollo (OCDE)
INDESOL	Instituto Nacional de Desarrollo Social
IPC	Índice de precios al consumo
MXN	Pesos mexicanos
NPO	Organización sin fines de lucro
OCDE	Organización para la Cooperación y el Desarrollo Económicos
OSC	Organización de la sociedad civil
PIB	Producto interno bruto
SAT	Servicio de Administración Tributaria
USD	Dólar de los Estados Unidos

Resumen ejecutivo

Sobre la base de datos de encuestas financieras y organizacionales de más de 300 organizaciones filantrópicas, este estudio evalúa el alcance y las características de la filantropía nacional a gran escala en México y la compara con los flujos filantrópicos transfronterizos y la ayuda oficial al desarrollo (AOD) destinados a México durante el período 2020-23.

El sector filantrópico interno de México ha crecido sustancialmente en las últimas décadas. Entre 2020 y 2023, las 328 organizaciones nacionales más grandes desembolsaron 3 400 millones de USD, superando con creces los 274 millones de USD aportados por 27 donantes transfronterizos y los 3 160 millones de USD provenientes de los miembros del Comité de Ayuda al Desarrollo (CAD). Los 10 principales donantes nacionales representaron casi la mitad de la financiación nacional total, y solo la Fundación Carlos Slim desembolsó más de 670 millones de USD, lo que pone de relieve la concentración de recursos.

Estas tres fuentes de financiamiento muestran patrones de complementariedad, pero también de fragmentación. La filantropía nacional concentró más del 70% de su financiamiento en los servicios sociales, con un alcance limitado en sectores como agua y saneamiento. La filantropía internacional se enfocó en gran medida en el gobierno y la sociedad civil, que recibieron 108.3 millones de USD, mientras que la educación recibió 46.8 millones de USD, la protección ambiental 33.5 millones de USD y otras infraestructuras y servicios sociales 17.4 millones de USD. La APD proporcionó la cobertura sectorial más amplia, abarcando la protección ambiental, los servicios bancarios y financieros, el gobierno y la sociedad civil, la energía y la educación. Si bien las tres fuentes de financiamiento apoyan el desarrollo, una mejor coordinación reduciría la fragmentación y ayudaría a abordar las brechas sectoriales.

A nivel geográfico, el financiamiento filantrópico interno sigue estando muy concentrado en regiones urbanas y económicamente desarrolladas. La Ciudad de México recibió 780 millones de USD en filantropía nacional durante 2020-23, más que cualquier otro estado, seguida de Nuevo León. Per cápita, la Ciudad de México recibió casi 90 USD, cifra que supera con creces el promedio nacional de alrededor de 14 USD per cápita. En cambio, los estados con mayor incidencia de pobreza recibieron, en comparación, menos apoyo.

Las organizaciones filantrópicas encuestadas también presentan una diversidad significativa en sus estructuras y estrategias. Alrededor del 60% son de tamaño mediano (entre 10 y 99 empleados), 10 tienen más de 100 empleados y 2 emplean a más de 500 personas. La mayoría de las fundaciones (85%) se establecieron en la década de 1990 o después. Una excepción notable es la Fundación Nacional Monte de Piedad, fundada en 1775.

Las fundaciones nacionales se dirigen principalmente a los jóvenes y a las personas que viven en situación de pobreza extrema. Dos tercios apoyan a los jóvenes y más de la mitad se centra en iniciativas relacionadas con la pobreza. Se destinan menos fondos a respaldar a las personas mayores, a las poblaciones indígenas y a programas específicos de género. La igualdad de género rara vez es un enfoque manifiesto: solo un tercio se dirige de forma explícita a las mujeres y las niñas.

La mayoría de las fundaciones encuestadas colaboran con otros actores filantrópicos o de la sociedad civil. Más de la mitad cofinanció al menos un proyecto entre 2016 y 2022. Sin embargo, un tercio enfrenta dificultades para encontrar socios con objetivos comunes y cita los altos costos de transacción como una barrera.

La interacción con el gobierno sigue siendo limitada. Más de dos tercios informaron de poca o ninguna colaboración con las instituciones públicas. Los encuestados señalaron que reducir las barreras burocráticas y mejorar la transparencia fortalecería la cooperación. Una carta abierta reciente firmada por más de 1 500 fundaciones en octubre de 2024, que expresaba interés en trabajar con la administración federal entrante, señala un posible cambio hacia un compromiso más constructivo.

Las prácticas de transparencia varían mucho entre los encuestados. La mayoría de las fundaciones publican información general, como informes anuales, pocas divulgan datos financieros auditados y seis comunicaron que no comparten información con el público. Al mismo tiempo, dos tercios de los encuestados evalúan periódicamente sus programas, pero las evaluaciones de impacto o de rentabilidad son poco frecuentes, en especial en las organizaciones más pequeñas, que a menudo carecen de recursos para realizar evaluaciones sólidas. La mayoría de las fundaciones (50%) informaron de que se habían visto perjudicadas por las recientes reformas políticas. Los cambios en la legislación tributaria desde 2018 restringieron la elegibilidad para emitir recibos deducibles de impuestos y aumentaron los requisitos de cumplimiento. En 2023, menos de una cuarta parte de las organizaciones benéficas contaban con la condición de "donatario autorizado", otorgada por el Servicio de Administración Tributaria (SAT). La eliminación de programas de financiamiento público, como el Programa de Coinversión Social y el INDESOL, también debilitó el apoyo institucional.

Si bien la pandemia de COVID-19 interrumpió las operaciones de muchas fundaciones, su impacto a largo plazo parece limitado. Alrededor del 30% redirigió temporalmente el financiamiento a programas de emergencia o redujo sus operaciones, pero desde entonces la mayoría ha reanudado las estrategias previas a la pandemia.

A partir de estos resultados, el presente informe hace las siguientes recomendaciones.

Para el gobierno:

- Establecer un marco jurídico nacional claro para la filantropía. Una definición y una categoría jurídica unificadas simplificarían la supervisión y mejorarían la visibilidad y la trazabilidad de las contribuciones filantrópicas.
- Reducir las cargas administrativas para obtener el estatus de exención de impuestos. Agilizar el proceso de solicitud para adquirir la condición de "donatario autorizado" podría alentar a más organizaciones a formalizar y ampliar su trabajo.
- Colaborar con fundaciones nacionales y donantes públicos y privados internacionales para identificar y abordar las barreras estructurales que impiden que la filantropía llegue a las regiones más pobres.

Para la filantropía nacional:

- Mejorar la transparencia y el intercambio de datos. Las fundaciones deberían reforzar la presentación de informes sobre las asignaciones de fondos y poner esta información a disposición del público con el fin de ajustar los recursos a las áreas de mayor necesidad. En lugar de crear nuevas estructuras, las redes existentes y las grandes fundaciones deberían liderar de manera activa el desarrollo y la promoción de normas comunes de presentación de informes y mecanismos de coordinación. Su liderazgo es esencial para garantizar la coherencia de los enfoques.
- Aumentar la colaboración con las instituciones públicas. Las plataformas estructuradas de diálogo pueden ayudar a superar la desconfianza y garantizar un uso más estratégico de los recursos filantrópicos.

- Fortalecer la evaluación y compartir las lecciones aprendidas. Las fundaciones nacionales de mayor tamaño pueden desempeñar un papel de marcado de tendencias al apoyar la adopción de marcos comunes de seguimiento y evaluación en todo el sector. A través de la creación de capacidades, el aprendizaje entre pares y herramientas compartidas, pueden ayudar a organizaciones más pequeñas o más jóvenes a evaluar el impacto de manera más efectiva y promover una cultura de la filantropía con base empírica. En última instancia, unas prácticas de evaluación más sólidas pueden ayudar a identificar puntos ciegos, como los sectores con financiamiento insuficiente, y orientar inversiones filantrópicas más estratégicas.

Para donantes internacionales:

- Fortalecer la colaboración con las fundaciones nacionales. Los donantes transfronterizos podrían mejorar su eficacia al asociarse con organizaciones locales, en particular en sectores con la misma prioridad como la educación y la salud, lo que también podría contribuir a consolidar el desarrollo con liderazgo local.
- Diversificar el apoyo sectorial. Los donantes internacionales deberían coordinarse más estrechamente con los actores filantrópicos nacionales y los gobiernos locales para identificar los sectores que reciben un apoyo interno limitado, como la protección del medio ambiente, la salud reproductiva y el agua y el saneamiento, y concentrar su financiamiento en esas áreas. Al complementar en lugar de duplicar los esfuerzos nacionales, la filantropía internacional puede ayudar a abordar las necesidades no satisfechas y garantizar una distribución más equilibrada de los recursos para el desarrollo en México.

1 Introducción

Antecedentes y objetivos de esta investigación

El sector filantrópico de México ha experimentado un crecimiento notable en las últimas décadas. Con la creación de grandes fundaciones corporativas y aquellas establecidas por personas de patrimonio ultraelevado como Carlos Slim, la filantropía privada se ha convertido en una fuente creciente de financiamiento para el desarrollo social y económico del país. Las fundaciones en México adoptan muchas formas diferentes. Han surgido para abordar cuestiones que van desde el desarrollo económico y la protección del medio ambiente hasta los derechos humanos.

A pesar de este crecimiento, aún falta una comprensión empírica detallada del tamaño, el volumen de sus donaciones y los desafíos que enfrenta el sector filantrópico privado de México. Las investigaciones previas han utilizado principalmente el registro de datos abiertos del Servicio de Administración Tributaria (SAT) para analizar los ingresos y el financiamiento de los donantes registrados en México (Cemefi, 2023[1]; Butcher García-Colín, 2022[2]).[1] Sin embargo, el registro no se limita a las fundaciones filantrópicas privadas, sino que también incluye universidades, bibliotecas y organizaciones no gubernamentales (ONG). Además, es incompleto y carece de información detallada sobre la distribución sectorial de los fondos.

Este informe se centra en las actividades y los patrones de financiamiento de las fundaciones privadas nacionales que participan en iniciativas de desarrollo. Con este fin, el Centro de Filantropía de la OCDE recopiló y analizó datos primarios de 62 fundaciones,[2] utilizando una encuesta estandarizada sobre concesión de subvenciones y una encuesta organizacional, y datos secundarios de la base de datos del SAT para otras 269 fundaciones. El informe también examina los flujos filantrópicos internacionales de 27 organizaciones transfronterizas activas en México, lo cual proporciona una perspectiva comparativa.

Esta investigación es parte de una iniciativa más amplia del Centro de Filantropía de la OCDE destinada a analizar el papel de la filantropía en las economías emergentes y brindar recomendaciones para abordar los objetivos cruciales delineados en la Agenda 2030. Estudios anteriores han examinado la filantropía nacional en la República Popular de China, Colombia, India, Nigeria y Sudáfrica.

Muestra y metodología

Este estudio se basa en datos e información recopilados de organizaciones filantrópicas mexicanas, así como en 14 entrevistas con líderes de fundaciones, académicos y otras partes interesadas entre septiembre de 2023 y febrero de 2025.

Definiciones y marco muestral

Este estudio define **la filantropía privada para el desarrollo** como las "transacciones del sector privado o sin fines de lucro que tienen como objetivo principal la promoción del desarrollo económico y el bienestar de los países en desarrollo y que provienen de fuentes propias de las fundaciones, tales como dotaciones; donaciones de empresas o personas (incluido el financiamiento colectivo); legados; ingresos por regalías; inversiones (incluidos valores gubernamentales); dividendos; loterías y similares. Además, la filantropía privada para el desarrollo también comprende el financiamiento de investigaciones básicas o aplicadas que benefician directamente a los países en desarrollo o de manera indirecta a través de bienes públicos mundiales" (OCDE, 2021[3]).

Dado que en México no existe una categoría jurídica que corresponda a esta definición, la OCDE creó un marco muestral de organizaciones que cumplían con los siguientes criterios en el año de referencia 2021. Para ser incluida en la muestra, la organización deberá:

- financiar proyectos u otras organizaciones
- no recibir su financiamiento principal del sector público
- generar ingresos provenientes de recursos privados por un total aproximado de medio millón de USD o más en 2021
- tener como objetivo principal promover el desarrollo económico y social de México
- tener su sede en México.

Con el fin de verificar los primeros tres criterios, la OCDE se basó en datos a disposición del público en el registro del SAT, mientras que los dos últimos criterios de elegibilidad se verificaron mediante investigación documental, sobre todo a través de los sitios web de las fundaciones. Sin embargo, no todas las fundaciones en México están registradas en la base de datos del SAT e, incluso cuando lo están, la información a disposición del público sobre sus fuentes de financiamiento suele ser incompleta. Por consiguiente, la muestra puede excluir de manera involuntaria fundaciones que cumplen dichos criterios o incluir otras que no los cumplen, lo cual afecta a la precisión y representatividad de los resultados.

Respuesta y participación en la encuesta

La OCDE seleccionó 328 organizaciones que cumplen estos criterios, incluidas muchas de las fundaciones nacionales más grandes de México. No obstante, debido a que los datos de contacto estaban incompletos, no estaban disponibles o no estaban actualizados, solo se pudo invitar a participar a 296 organizaciones. De esta muestra inicial, 62 respondieron a la encuesta organizacional y 30 a la encuesta financiera (Tabla 1.1). Aunque la encuesta a las organizaciones tuvo una tasa de respuesta relativamente baja – lo que exige cautela a la hora de extraer conclusiones definitivas sobre el sector filantrópico nacional de México – el tamaño total de la muestra es comparable al de los estudios de la OCDE en otras economías emergentes y ofrece valiosas perspectivas indicativas. Además, las organizaciones encuestadas representan más de la mitad del total de los desembolsos filantrópicos nacionales (1 700 millones de USD, a precios constantes de 2023), lo que refleja la concentración de la financiación y refuerza la relevancia de los resultados.

Tabla 1.1. Participación en la encuesta de la OCDE en México

Encuesta	Muestra total	Invitadas a participar (información de contacto válida)	Participaron	Tasa de respuesta (porcentaje)	Datos secundarios	**Total de organizaciones incluidas**
Organizacional	328	296	62	20.95	N/d	**62**
Financiera	328	296	30	10.13	298	**328**

El contexto socioeconómico en México

Comprender los desafíos socioeconómicos de México ayuda a contextualizar el papel del financiamiento filantrópico privado en el desarrollo nacional del país. En esta sección se presenta la evolución de algunos indicadores económicos clave y se describen los desafíos más urgentes que enfrenta el país.

A pesar de los importantes avances logrados en la última década, México sigue padeciendo una alta desigualdad de ingresos y pobreza y la informalidad (OCDE, 2024[4]; OCDE et al., 2024[5]). Si bien el aumento de los salarios mínimos y las transferencias gubernamentales han reducido la proporción de la población en situación de pobreza moderada, el nivel sigue siendo alto según los estándares internacionales. Además, la insuficiencia de ayuda específica para los más vulnerables ha mantenido la tasa de pobreza extrema, que afecta al 7% de la población, casi sin cambios desde 2016 (Gráfico 1.1). En 2020, el 64% de la población de México vivía en hogares donde al menos uno de los principales perceptores de ingresos tenía un empleo informal, cifra cercana al promedio de América Latina y el Caribe (64.9%). Sin embargo, la proporción de hogares totalmente formales (36.0%) sigue estando muy por debajo de líderes regionales como Uruguay (65.4%) y Chile (59.2%), lo que pone de relieve los persistentes desafíos de la informalidad (OCDE et al., 2024[5]; OCDE, 2024[4]).

Gráfico 1.1. La pobreza moderada ha disminuido, pero la pobreza extrema permanece sin cambios

Porcentaje de personas en situación de pobreza como porcentaje de la población total

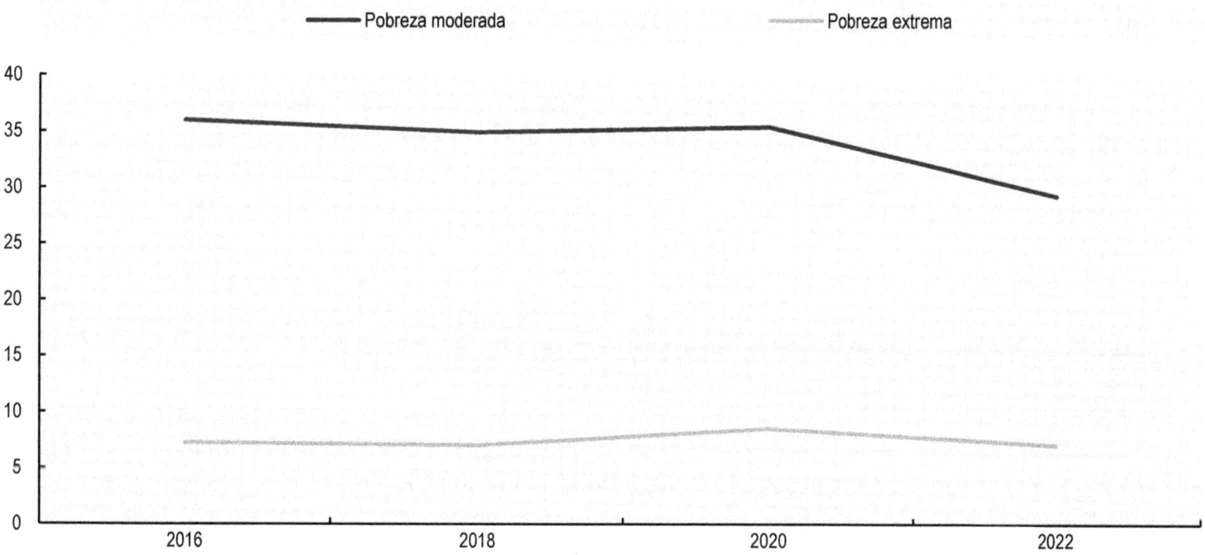

Nota: Este indicador multidimensional de pobreza del CONEVAL define la pobreza moderada como las personas con ingresos insuficientes para cubrir necesidades básicas (alimentos, bienes y servicios) y al menos una carencia social. La pobreza extrema se refiere a personas que no pueden costear alimentos esenciales incluso gastando todos sus ingresos en ellos, junto con al menos tres deficiencias sociales.
Fuente: (CONEVAL, 2022[6]).

La falta de recursos e infraestructura para una educación de calidad sigue limitando las oportunidades, en particular para los grupos vulnerables. México tiene la recaudación tributaria como proporción del PIB más baja de los países de la OCDE, de un 17.7%, que también está por debajo del promedio regional de América Latina y el Caribe, del 21.3% (OCDE et al., 2025[7]; OCDE et al., 2024[5]). A pesar de las urgentes necesidades de gasto en áreas como la educación, el gasto público en México es bajo, menos del 30% del PIB, en comparación con el promedio de la OCDE, de casi el 50%. Si bien el financiamiento de las pensiones ha aumentado como porcentaje del PIB, la inversión en educación ha disminuido. Esta disminución es particularmente preocupante dado el severo impacto en los resultados educativos de

México de uno de los cierres de escuelas por COVID-19 más prolongados en los países de la OCDE. Las disparidades regionales en la calidad de la educación y las altas tasas de deserción, con muchos estudiantes que abandonan el sistema antes de completar la educación secundaria, siguen obstaculizando la movilidad social y el progreso económico (OCDE, 2024[4]).

La discriminación de género sigue siendo otro desafío estructural para el desarrollo inclusivo. Según el Índice de Instituciones Sociales y Género (SIGI) de 2023, la discriminación contra las mujeres y las niñas en las instituciones sociales (es decir, la legislación y las normas y prácticas sociales) es relativamente baja. Los resultados de México en el SIGI están en línea con el puntaje promedio de América Latina y el Caribe (22, ambos) y por encima del promedio mundial (30).[3] Las reformas jurídicas han desempeñado un papel clave en el avance de la igualdad de género en las instituciones sociales: desde 2019, el matrimonio infantil está prohibido sin excepciones y, tras las modificaciones históricas de la Ley General de Acceso de las Mujeres a una Vida Libre de Violencia, desde 2022 existe una protección jurídica integral contra todas las formas de violencia de género. Sin embargo, la discriminación persiste en la práctica, ya que las normas sociales profundamente arraigadas continúan determinando la integridad corporal, los derechos y las oportunidades de las mujeres. Por ejemplo, el 32% de la población piensa que es aceptable que un hombre golpee a su esposa en ciertas circunstancias y más de la mitad de la población cree que los niños sufren cuando las madres trabajan por un salario (53%) y surgen problemas cuando las mujeres ganan más que los hombres (53%). Pese a que en México el 38% de los directivos son mujeres, por encima del promedio mundial y regional, solo el 15% de las empresas están dirigidas por ellas. Todavía hay mucho margen de cambio en lo que se refiere al acceso de las mujeres a puestos de decisión. Por último, siguen existiendo algunas lagunas en la protección jurídica, entre ellas la desigualdad de derechos en materia de divorcio, el acceso limitado al aborto seguro y la ausencia de garantías de igualdad salarial. (OCDE, 2023[8]).

En vista de estos desafíos, existe una oportunidad significativa para que la filantropía privada nacional desempeñe un papel en el financiamiento del desarrollo local. Aunque los recursos filantrópicos son solo una fracción de la financiación gubernamental, pueden impulsar los objetivos de desarrollo mediante el financiamiento de iniciativas de alto riesgo que los gobiernos pueden tener menos capacidad de apoyar (OCDE, 2021[3]). Al ofrecer soluciones y experiencia innovadoras, las organizaciones filantrópicas pueden actuar como catalizador del desarrollo de México.

El contexto político y jurídico de la filantropía privada en México

México tiene una larga tradición de donaciones privadas y su sector filantrópico ha experimentado transformaciones significativas en los últimos siglos. Si bien la Iglesia católica históricamente jugó un papel importante en la coordinación de actividades filantrópicas durante el período colonial, el movimiento de secularización del siglo XIX condujo al surgimiento de organizaciones benéficas independientes (Wiepking and Handy, 2015[9]). En el siglo siguiente, bajo la dictadura de Porfirio Díaz y los 71 años de gobierno del Partido Revolucionario Institucional (PRI), las actividades filantrópicas presentaron una estrecha alineación con las prioridades gubernamentales. Sin embargo, las crisis políticas y económicas de finales de la década de 1980 impulsaron al sector a volverse más autónomo y crítico respecto de las políticas gubernamentales (Wiepking and Handy, 2015[9]). Desde entonces, la filantropía en México se ha profesionalizado y ha ampliado su alcance más allá de la beneficencia tradicional, incluyendo campos como el medio ambiente y los derechos humanos. Además, han surgido numerosas fundaciones corporativas que actúan como la rama filantrópica social de sus respectivas empresas (OCDE, 2020[10]).

A medida que el sector creció y se profesionalizó, las fundaciones, junto con la sociedad civil, comenzaron a abogar por un marco jurídico que reconociera su papel en el desarrollo nacional y estableciera una base para el apoyo público y la colaboración con el gobierno. Si bien no existe un marco jurídico específico que regule las fundaciones, se aprobaron varias leyes para respaldar al "tercer sector" de manera más amplia. Por ejemplo, en 2004, después de una década de negociaciones, se aprobó la Ley Federal de Fomento a las Actividades realizadas por Organizaciones de la Sociedad Civil (la "ley de fomento"). Esto permite que las organizaciones benéficas registradas en el Registro Federal de Organizaciones de la Sociedad Civil puedan optar a recibir financiamiento gubernamental y estatal. Además, el gobierno promulgó disposiciones fiscales que incentivan la actividad filantrópica en el marco de la Ley del Impuesto sobre la Renta (Becker and González Ulloa, 2018[11]).

El marco jurídico en materia de filantropía privada está fragmentado

A diferencia de la mayoría de los demás países latinoamericanos, México carece de una estructura jurídica unificada para las organizaciones filantrópicas privadas. En su lugar, se rigen por la misma legislación que otras organizaciones benéficas y se suelen registrar como Asociaciones Civiles (AC) o Instituciones de Asistencia Privada (IAP). Otras formas jurídicas que adoptan las organizaciones filantrópicas, aunque menos comunes, incluyen las Instituciones de Beneficencia Privada (IBP) y Asociaciones de Beneficencia Privada (ABP). Siempre que sigan siendo sin fines de lucro, las AC pueden realizar actividades más allá de la beneficencia tradicional, como la defensa de los derechos humanos, la protección del medio ambiente, la investigación y las iniciativas centradas en sus miembros. Además de las fundaciones, esta forma jurídica también se aplica a universidades, museos, clubes deportivos, centros de conocimiento y otras entidades sin fines de lucro. A junio de 2024, existen alrededor de 43 000 AC en México. Por el contrario, las IAP se centran exclusivamente en servicios de beneficencia financiados con activos privados y operan bajo supervisión estatal. Esta categoría jurídica existe solo en alrededor de la mitad de los estados mexicanos, con un número aproximado de 6 000 (ICNL, 2025[12]).

El marco regulatorio del sector filantrópico de México está, por lo tanto, fragmentado y la supervisión está dispersa entre múltiples sistemas normativos nacionales y estatales. Además de la ley federal de fomento de 2004, 23 de los 32 estados mexicanos han promulgado leyes específicas para apoyar a las organizaciones benéficas a nivel estatal (Butcher García-Colín, 2022[2]). Estas leyes no siempre son compatibles entre sí y a veces crean obstáculos burocráticos adicionales para las organizaciones benéficas. Por ejemplo, en varios estados, las organizaciones benéficas deben registrarse tanto a nivel federal como estatal y, en el caso de las IAP, en la Junta de Asistencia Privada pertinente. Además, el apoyo que pueden recibir las organizaciones benéficas no es uniforme en todo el país y depende del estado en el que estén registradas y tengan su sede (Butcher García-Colín, 2022[2]).

Al igual que muchos otros países, México estimula la actividad filantrópica otorgando exenciones fiscales a organizaciones benéficas. Esta exención se aplica a los ingresos procedentes de donaciones, cuotas de membresía, intereses bancarios y de la venta o arrendamiento de bienes inmuebles (Council on Foundations, 2023[13]). Asimismo, las organizaciones benéficas que cumplen determinados criterios pueden emitir recibos deducibles de impuestos, incluso para donaciones internacionales de ciertos países, como los Estados Unidos. Las corporaciones mexicanas pueden deducirse hasta el 7% de su ingreso gravable del año anterior. Este porcentaje es inferior en comparación con los límites establecidos en la mayoría de los demás países de la OCDE con datos disponibles (OCDE, 2020[14]).

Para optar por estos beneficios fiscales, las organizaciones benéficas deben obtener la condición de "donatario autorizado" del Servicio de Administración Tributaria (SAT), lo que requiere el cumplimiento de estrictas normas administrativas, operativas y de presentación de informes. Los donatarios autorizados deben limitar los costos administrativos a no más del 5% de sus donaciones (Wiepking and Handy, 2015[9]), adecuar sus estatutos a un modelo estándar proporcionado por el SAT (Council on Foundations, 2023[13]) y presentar solicitudes anuales e informes financieros auditados. Estos requisitos son uniformes, independientes del tamaño y el presupuesto de una organización, lo que puede suponer desafíos para organizaciones más pequeñas con recursos limitados (OCDE, 2020[14]). El SAT revisa y renueva esta condición cada año, en función del cumplimiento de la organización con sus obligaciones tributarias (Council on Foundations, 2023[13]). Si una organización pierde esta condición, tiene un año para volver a optar a ella, después del cual debe operar sin el estatus de exención de impuestos o transferir sus activos a otra entidad apta (Lilly Family School of Philanthropy, 2022[15]). En 2023, menos de una cuarta parte de las 48 035 organizaciones benéficas registradas en México tenían la condición de donatario autorizado (Cemefi, 2023[1]).

Los recientes cambios de política redujeron el apoyo financiero y endurecieron las normas operativas para la filantropía privada

Desde la elección de Andrés Manuel López Obrador en 2018, las relaciones entre el gobierno y el sector filantrópico se han vuelto cada vez más tensas. En febrero de 2019, su administración eliminó todos los fondos federales para el tercer sector, incluido el Programa de Coinversión Social (PCS), que había respaldado a dicho sector en la asistencia a los grupos vulnerables. Además, el gobierno disolvió el Instituto Nacional de Desarrollo Social (INDESOL), un organismo que había brindado apoyo financiero y técnico a las organizaciones benéficas (Lilly Family School of Philanthropy, 2022[15]). Por otra parte, el gobierno ha ampliado los motivos por los cuales una organización benéfica puede perder su condición de donataria autorizada y realiza mayores esfuerzos de auditoría a través del SAT (Layton, 2020[16]).

Las reformas de la Ley del Impuesto sobre la Renta también restringieron otras vías de financiamiento para las fundaciones en México. Una reforma de 2020 de la Ley del Impuesto sobre la Renta revocó la condición de "donatario autorizado" a las organizaciones benéficas cuyos ingresos provenientes de actividades no relacionadas con su misión superaban el 50% de sus ingresos totales. La reforma también puso fin a la exención del impuesto sobre el valor agregado (IVA) para los donantes autorizados y gravó con un impuesto sobre la renta a las actividades comerciales no relacionadas que excedan el 10% de los ingresos anuales (Council on Foundations, 2023[13]). Otra reforma de 2021 de la Ley del Impuesto sobre la Renta impuso un nuevo límite a las donaciones deducibles de impuestos para las personas físicas. Al agrupar las donaciones con otras partidas deducibles, como los costos de atención médica, las contribuciones a la jubilación y los intereses hipotecarios, la reforma obliga de forma efectiva a las personas a priorizar entre estas categorías, con un límite de deducción general establecido en el 15% (Council on Foundations, 2023[13]).

En respuesta a los cambios en la política nacional, varios estados de México han tomado medidas encaminadas a mitigar su impacto en las organizaciones benéficas. Los estados mexicanos de Jalisco, Chihuahua y Nayarit, por ejemplo, han adoptado reformas legislativas destinadas a fortalecer y perfeccionar el marco jurídico de las OSC. Las medidas clave incluyen el reconocimiento formal de las redes y colectivos como actores legítimos de la sociedad civil y la inclusión de las OSC en los procesos de toma de decisiones presupuestarias que afectan directamente sus operaciones (Council on Foundations, 2023[13]).

En general, las organizaciones filantrópicas de México están operando en un entorno cada vez más restringido, caracterizado por una reducción del apoyo público y un marco regulatorio y fiscal más estricto. Al mismo tiempo, México enfrenta continuos desafíos de desarrollo, muchos de los cuales se intensificaron aún más por la pandemia de COVID-19. Estas circunstancias subrayan la importancia de un sector filantrópico activo que complemente las iniciativas públicas y promueva el desarrollo local.

El Capítulo 2 presenta una visión general de los datos disponibles sobre la filantropía nacional en México durante el período 2020-23, en el que se examina su escala, alcance y distribución geográfica. Además de determinar los recursos filantrópicos, el capítulo explora los tipos de beneficiarios y grupos objetivos apoyados por las fundaciones, las estrategias empleadas para compartir información y fomentar la colaboración, así como las herramientas utilizadas para medir el impacto. También analiza cómo las fundaciones se han visto afectadas por la crisis de COVID-19 y las recientes reformas jurídicas. El Capítulo 3 examina los flujos filantrópicos transfronterizos y la ayuda oficial al desarrollo (AOD), comparando su financiamiento con el de los donantes nacionales. El informe concluye con recomendaciones en materia de políticas para fortalecer la contribución de la filantropía nacional a la agenda de desarrollo de México.

Notas

[1] Además de examinar todas las organizaciones de la base de datos, (Butcher García-Colín, 2022[2]) realiza un análisis adicional de los patrones de ingresos y financiamiento de casi 300 entidades donantes, definidas como organizaciones que donaron más de 1 millón de MXN anualmente a cinco o más organizaciones de la sociedad civil.

[2] Un total de 62 fundaciones completaron la encuesta organizativa, y 29 de ellas también enviaron respuestas a la encuesta financiera.

[3] Las puntuaciones del Índice de Instituciones Sociales y Género varían de 0 a 100, donde 0 indica que no hay discriminación y 100 indica discriminación absoluta.

Referencias

Becker, C. and P. González Ulloa (2018), "Las Organizaciones de la Sociedad Civil en México: Hacia una reforma de la LFFAROSC". [11]

Butcher García-Colín, J. (2022), *Generosidad en México III, Fuentes, causes y destinos*, México: Porrúa, CIESC y Tecnológico de Monterrey, http://www.porrua.com. [2]

Cemefi (2023), *Compendio Estadístico del Sector no Lucrativo - Segunda edición 2023*, https://www.cemefi.org/centrodedocumentacion/11568.pdf. [1]

CONEVAL (2022), *Medición de la Pobreza*, https://www.coneval.org.mx/Medicion/MP/Paginas/AE_pobreza_2022.aspx. [6]

Council on Foundations (2023), *Global Grantmaking Country Notes*. [13]

ICNL (2025), *Mexico*, https://www.icnl.org/resources/civic-freedom-monitor/mexico. [12]

Layton, M. (2020), *Mexican President Targets U.S. Philanthropy, but It's Mexican Civil Society That Could Take the Hit*. [16]

Lilly Family School of Philanthropy (2022), *The 2022 Global Philanthropy Environment Index in Mexico*. [15]

OCDE (2024), *OECD Economic Surveys: Mexico 2024*, OECD Publishing, Paris, https://doi.org/10.1787/b8d974db-en. [4]

OCDE (2023), *Social Institutions & Gender Index Dashboard*, https://www.oecd.org/en/data/dashboards/social-institutions-gender-index/restricted-access-to-productive-and-financial-resources.html?oecdcontrol-18ae15c5e9-var1=MEX. [8]

OCDE (2021), *Private Philanthropy for Development – Second Edition: Data for Action*, The Development Dimension, OECD Publishing, Paris, https://doi.org/10.1787/cdf37f1e-en. [3]

OCDE (2020), *Bringing foundations and governments closer: Evidence from Mexico*, OECD Publishing, Paris, https://doi.org/10.1787/7332f360-en. [10]

OCDE (2020), "Taxation and Philanthropy", *OECD Tax Policy Studies*, No. 27, https://doi.org/10.1787/df434a77-en (accessed on 23 December 2024). [14]

OCDE et al. (2025), *Revenue Statistics in Latin America and the Caribbean 2025*, OECD Publishing, Paris, https://doi.org/10.1787/7594fbdd-en. [7]

OCDE et al. (2024), *Latin American Economic Outlook 2024: Financing Sustainable Development*, OECD Publishing, Paris, https://doi.org/10.1787/c437947f-en. [5]

Wiepking, P. and F. Handy (eds.) (2015), *The Palgrave Handbook of Global Philanthropy*, Palgrave Macmillan UK, London, https://doi.org/10.1057/9781137341532. [9]

2 Análisis de las contribuciones filantrópicas nacionales al desarrollo en México

Panorama de las donaciones filantrópicas nacionales

Aunque los datos sobre filantropía nacional son limitados, México destaca como uno de los países con un sector filantrópico interno muy activo, según la encuesta de la OCDE sobre filantropía privada para el desarrollo (OCDE, 2021[1]). Entre 2020 y 2023, las 328 fundaciones filantrópicas nacionales más grandes con datos disponibles contribuyeron con un total estimado de 3 400 millones de USD, cifra que supone un promedio de 859 millones de USD en desembolsos anuales. En este capítulo se examinan sus donaciones en México y se aporta información sobre la concentración del financiamiento, así como sobre las asignaciones sectoriales y geográficas.

La filantropía nacional en México se concentra en unas cuantas grandes organizaciones

Como en la mayoría de las demás economías emergentes, la filantropía interna se concentra en un pequeño número de grandes donantes (OCDE, 2021[1]). Los 10 principales donantes representaron casi la mitad del financiamiento filantrópico desembolsado en México entre 2020 y 2023 (Gráfico 2.1). Un total de 36 de las 61 fundaciones filantrópicas nacionales se crearon en las décadas de 1990 y 2000 por empresas privadas. Excepciones notables son la Fundación Carlos Slim y la Fundación Gonzalo Río Arronte, ambas fundadas por personas de patrimonio ultraelevado. La Fundación Carlos Slim domina el panorama filantrópico en México, con desembolsos por más de 670 millones de USD entre 2020 y 2023. Fundada en 1986, las actividades de la fundación abarcan una amplia gama de áreas, desde la educación y la salud hasta la migración, la justicia, la cultura y el deporte (Fundación Carlos Slim, n.d.[2]).

Gráfico 2.1. La Fundación Carlos Slim es el principal donante en México

Desembolsos filantrópicos nacionales, 2020-23, por proveedor

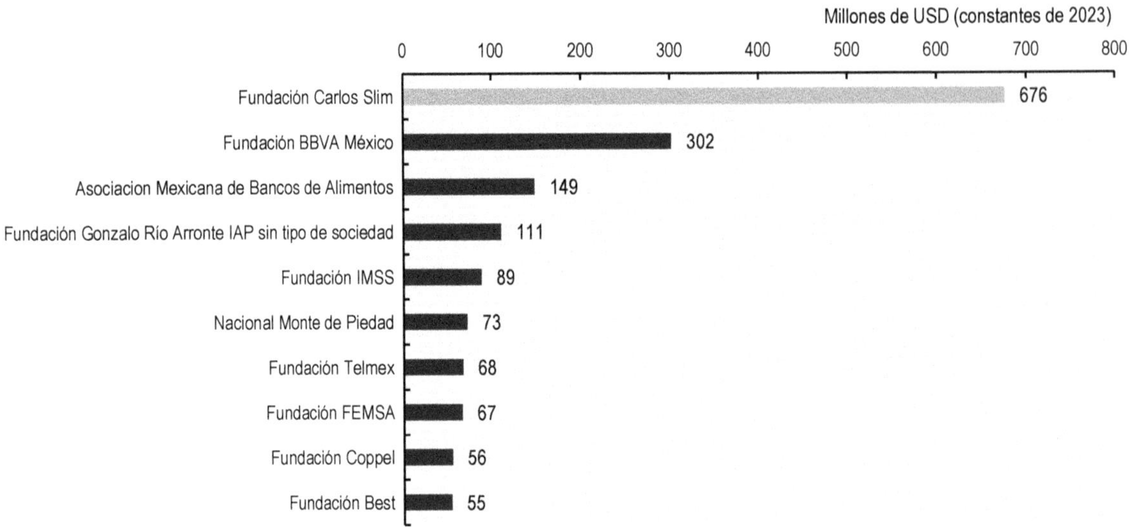

Nota: Para evitar la doble contabilización, se excluyeron todos los flujos financieros dirigidos a otras organizaciones de la muestra.
Fuente: Encuesta financiera de la OCDE y base de datos del SAT.

Un análisis de las organizaciones que aportaron datos de manera constante entre 2020 y 2023 (Gráfico 2.2) revela una tendencia descendente en los desembolsos totales durante el período. Los desembolsos cayeron durante dos años consecutivos de más de 1 000 millones de USD en 2020 a 754 millones de USD en 2021 y 716 millones de USD en 2022, antes de experimentar una modesta recuperación a 825 millones de USD en 2023.

Gráfico 2.2. Tendencia a la baja en los desembolsos totales durante el período 2020-23

Desembolsos filantrópicos nacionales, 2020-23, por año

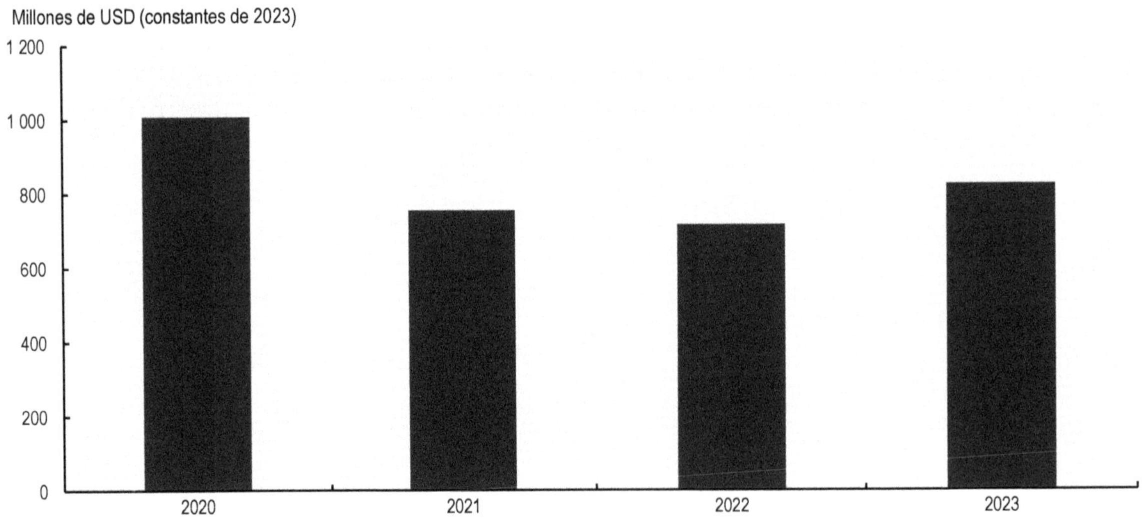

Fuente: Encuesta financiera de la OCDE y base de datos del SAT.

Esta disminución general se produjo a pesar de que casi el 60% de las fundaciones de la muestra aumentaron sus contribuciones durante el mismo período. Sin embargo, los aumentos se produjeron entre las fundaciones más pequeñas, mientras que un número limitado de grandes donantes redujeron significativamente sus desembolsos. En particular, la Fundación Carlos Slim redujo su financiamiento en torno a la mitad entre 2020 y 2023.

El financiamiento filantrópico en México se concentró en un pequeño número de sectores sociales

Entre 2020 y 2023, los tres sectores más grandes, a saber, otras infraestructuras y servicios sociales,[1] la salud y la educación recibieron más de 2 400 millones de USD en total, lo que representa casi tres cuartas partes de todos los desembolsos filantrópicos nacionales, como se muestra en el Gráfico 2.3. La mayor parte del financiamiento, 1 000 millones de USD, se destinó a apoyar actividades en otras infraestructuras y servicios sociales, seguida de 798 millones de USD para la salud y 687 millones de USD para la educación. Dentro de estos sectores, el financiamiento se concentró en gran medida en la protección social, los servicios médicos y la educación general. En cambio, sectores como el agua y el saneamiento, la protección general del medio ambiente y la salud reproductiva recibieron niveles de apoyo significativamente inferiores.

Gráfico 2.3. Los tres sectores principales reciben la mayor parte del financiamiento

Desembolsos filantrópicos nacionales, 2020-23, por sector

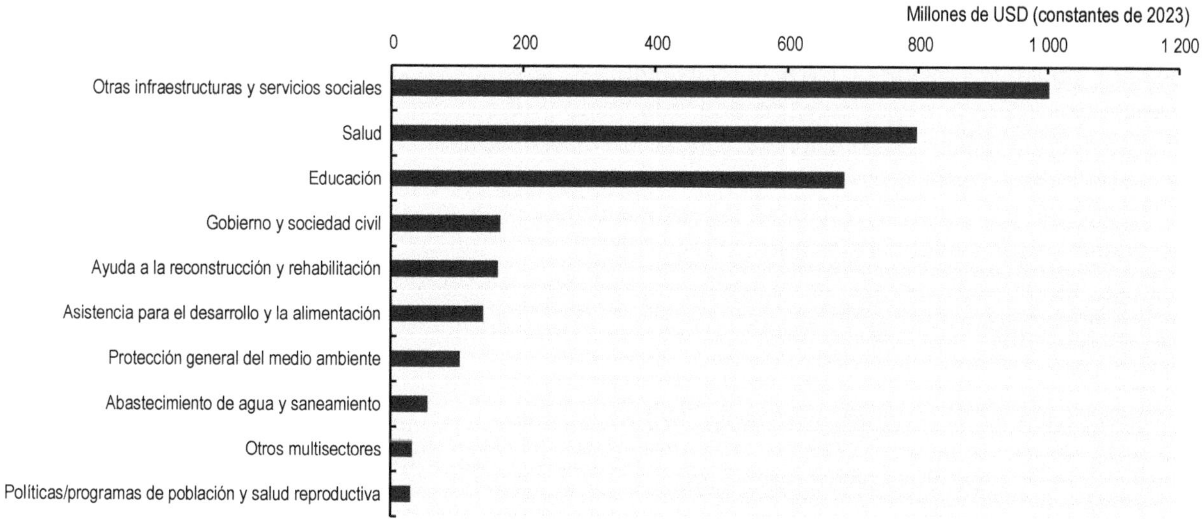

Nota: Mediante una herramienta de clasificación basada en texto, la mayoría de los códigos de propósito se extrajeron con éxito de la descripción del proyecto, lo que permitió utilizar la mayor parte de la muestra para el análisis sectorial.
Fuente: Encuesta financiera de la OCDE y base de datos del SAT.

Dentro del sector con mayor financiamiento, otras infraestructuras y servicios sociales, casi el 80% de los fondos filantrópicos se asignaron a la protección social, que recibió 779 millones de USD entre 2020 y 2023, como se muestra en el Gráfico 2.4. Cantidades menores respaldaron la creación de empleo, que recibió 92 millones de USD, la vivienda de bajo costo, con 34 millones de USD, y una serie de otros servicios básicos, como actividades culturales y ayuda multisectorial. La distribución sugiere que los actores filantrópicos desempeñaron un papel concentrado en el apoyo a la estabilidad de ingresos y los servicios esenciales para las poblaciones vulnerables.

Gráfico 2.4. La protección social representa la mayor parte de los subsectores con más financiamiento

Descomposición por subsectores del sector principal, 2020-23

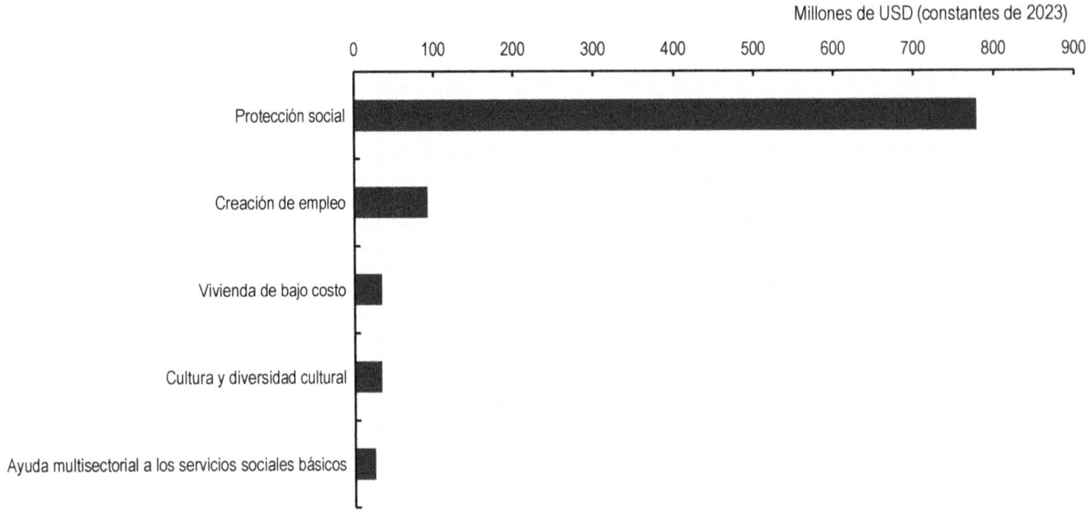

Fuente: Encuesta financiera de la OCDE y base de datos del SAT.

Los desembolsos anuales a los tres sectores principales siguieron un patrón en general estable entre 2020 y 2022, con un aumento notable en el financiamiento a otras infraestructuras y servicios sociales en 2023, como se muestra en el Gráfico 2.5. La salud recibió el mayor nivel de apoyo en 2020, pero disminuyó en los años siguientes, mientras que el financiamiento de la educación experimentó un aumento modesto. La disminución de la financiación destinada a la salud y el aumento de la financiación destinada a la educación pueden reflejar una reasignación de recursos en respuesta a la COVID-19 durante los primeros años del período. A pesar de estos cambios, el apoyo filantrópico siguió concentrado en los mismos tres sectores durante todo el período, y otras infraestructuras y servicios sociales representaron casi la mitad de los desembolsos totales a estos sectores en 2023.

Gráfico 2.5. El financiamiento de los tres sectores principales aumenta en el período, excepto el sector salud

Desembolsos hacia los tres sectores principales, 2020-23, por año

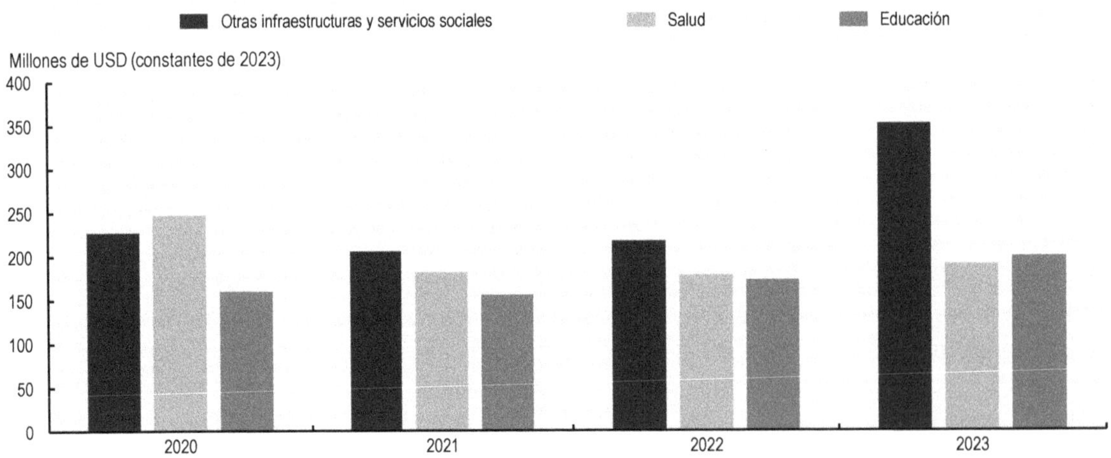

Fuente: Encuesta financiera de la OCDE y base de datos del SAT.

Las prioridades de financiamiento filantrópico variaron considerablemente entre los estados mexicanos, como se muestra en el Gráfico 2.6. La salud fue el sector más financiado en 19 estados, seguido por otras infraestructuras y servicios sociales en 11 estados. La educación fue el sector que más financiación recibió en dos estados, incluida la Ciudad de México, que recibe una parte significativa de la financiación total, mientras que, a nivel nacional, se situó entre los tres sectores que más financiación recibieron. Esta distribución pone de relieve la prioridad generalizada que se concede a la salud en gran parte del país, pero también confirma la importancia de la educación.

Gráfico 2.6. La salud es el sector con mayor financiamiento en la mayoría de las entidades federales

Sector principal por desembolsos, 2020-23, por estado

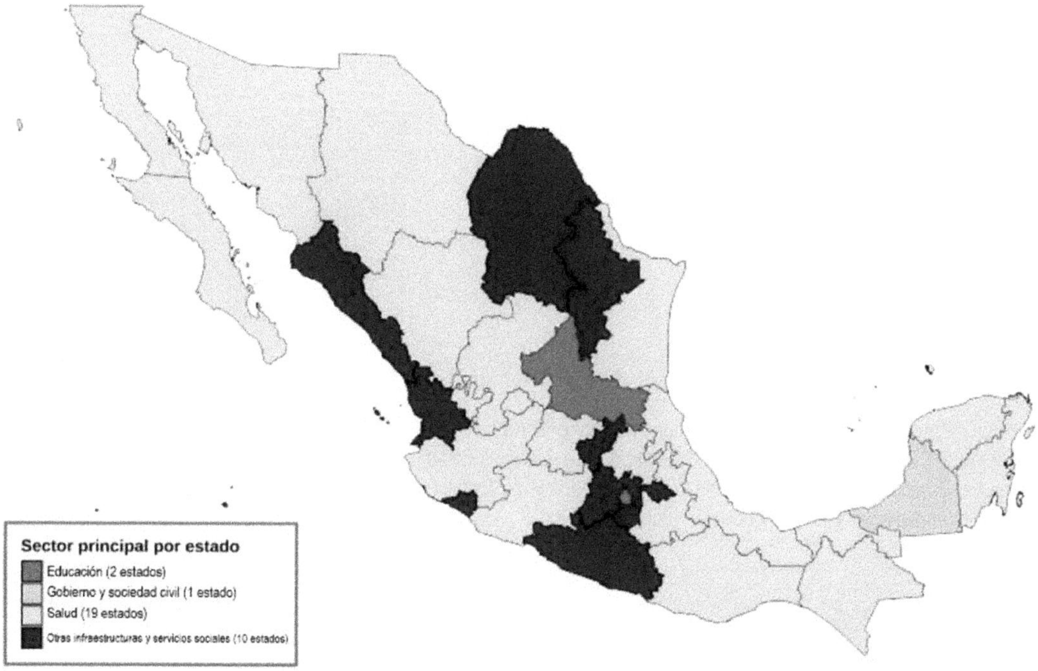

Nota: Si bien el sector de "otras infraestructuras y servicios sociales" recibe el mayor nivel de financiamiento en general, el sector de la salud es el más financiado en casi el doble de estados.
Fuente: Encuesta financiera de la OCDE y base de datos del SAT.

A nivel de subsector, los patrones de financiamiento mostraban mayor fragmentación y diferenciación local, como se muestra en el Gráfico 2.7. La protección social fue el subsector con mayor financiamiento, situado a la cabeza en 10 estados. Los servicios médicos y la creación de empleo recibieron prioridad en 5 estados, mientras que la asistencia alimentaria y la participación democrática ocuparon el primer lugar en 3 estados cada uno. Esta diferencia contrasta con los patrones de financiamiento a nivel nacional, donde un pequeño número de sectores dominaba los desembolsos generales. La distribución sugiere que las fundaciones adaptaron sus estrategias para abordar vulnerabilidades específicas y brechas institucionales a nivel subnacional. Esta alineación con las necesidades y prioridades locales refleja los principios básicos del desarrollo con liderazgo local, según el cual la toma de decisiones y la asignación de recursos son determinadas por actores con conocimiento directo de los contextos comunitarios.

Gráfico 2.7. Los servicios médicos son el subsector con mayor financiamiento en la mayoría de las entidades federales

Subsector principal por suma de desembolsos, 2020-23, por estado

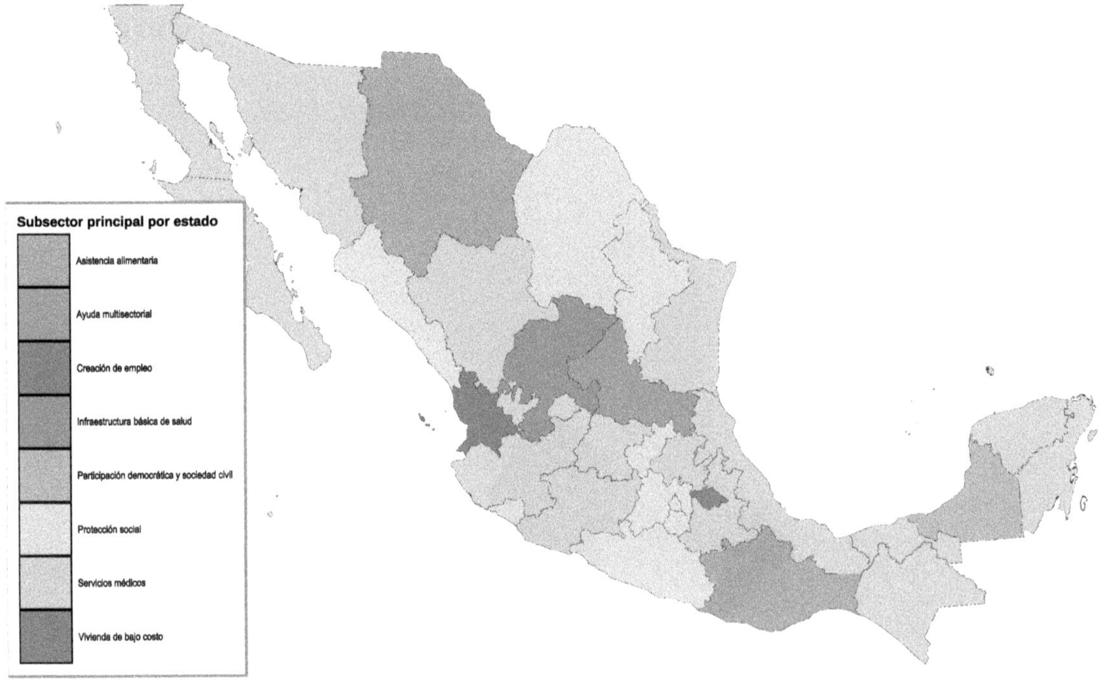

Nota: Los códigos de propósito se extraen mediante una herramienta de categorización basada en texto para obtener el nivel más detallado de clasificación sectorial. Clasificación disponible en *Estadísticas de financiación del desarrollo: recursos para la elaboración de informes*. México está compuesto por 32 entidades federales, entre ellas 31 estados y la Ciudad de México (OCDE, 2024[3]).
Fuente: Encuesta financiera de la OCDE y base de datos del SAT.

Recuadro 2.1. Estimación de la asignación sectorial de fondos mediante un algoritmo de aprendizaje automático basado en texto

Identificar la asignación sectorial del financiamiento filantrópico en México es difícil. Solo unas pocas organizaciones aportaron información sectorial detallada a través de la encuesta financiera de la OCDE, y la base de datos del SAT carece de campos estandarizados sobre el destino sectorial de los flujos financieros. Sin embargo, la base de datos del SAT incluye un título o descripción del proyecto para cada transacción registrada (denominada *Concepto*), junto con un campo denominado *Sector beneficiado*. En la práctica, muchas organizaciones utilizan este último campo para indicar el grupo demográfico objetivo (por ejemplo, "jóvenes") en lugar del sector (por ejemplo, "salud").

La OCDE, con el apoyo financiero de la Comisión Europea, desarrolló una herramienta de clasificación basada en texto para asignar códigos de propósito específicos del sector a las transacciones individuales. Este sistema se aplicó a la base de datos del SAT con el fin de solucionar la ausencia de información estandarizada específica del sector. En concreto, la OCDE utilizó el algoritmo de aprendizaje automático supervisado ModernBERT (Modern Bidireccional Encoder Representations from Transformers) para analizar el texto tanto del título o la descripción del proyecto como del beneficiario informado. El modelo fue entrenado previamente con datos históricos del conjunto de datos de Filantropía Privada para el Desarrollo de la OCDE (2013-2019). A fin de mejorar la precisión, las descripciones del proyecto se tradujeron del español al inglés utilizando Google Translate antes de la clasificación. El modelo tuvo un excelente desempeño (logró una micropuntuación F1 de 0.80 en el conjunto de validación) y todos los códigos de propósito asignados fueron revisados y corregidos con posterioridad de forma manual cuando fue necesario.

El financiamiento está muy concentrado en las zonas urbanas

La distribución geográfica del financiamiento filantrópico nacional en México refleja patrones observados en otras economías emergentes, como la República Popular de China, Colombia e India (OCDE, 2023[4]; OCDE, 2021[5]; OCDE, 2019[6]). El financiamiento está muy concentrado en unas pocas regiones urbanas y con alta densidad de población. Entre 2020 y 2023, la Ciudad de México recibió 780 millones de USD, la mayor cantidad a nivel nacional (Gráfico 2.8). Esto equivale a casi 90 USD per cápita, cifra muy superior a las asignaciones en otras regiones, que van desde los 17 USD per cápita (Sinaloa) hasta los 42 USD per cápita (Nuevo León). La gran entrada de fondos puede estar asociada a la concentración de fundaciones con sede en la Ciudad de México. Un patrón similar se observa en Nuevo León, uno de los estados más ricos de México por PIB per cápita. Este estado recibe la segunda mayor cantidad de financiamiento per cápita. Varios donantes importantes, como la Fundación FEMSA, tienen su sede en Monterrey, la capital del estado, y dirigen principalmente su apoyo al área metropolitana circundante.

Gráfico 2.8. La Ciudad de México recibe la mayor parte del financiamiento nacional

Estimación del financiamiento filantrópico per cápita, por estado

Estado	USD per cápita	Porcentaje
Ciudad de México	89	20
Nuevo León	42	9
Morelos	24	5
Chihuahua	23	5
Yucatán	18	4
Sinaloa	17	4

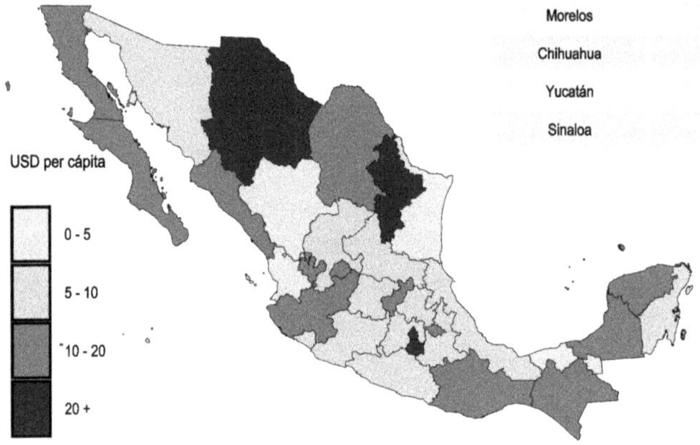

Nota: Se recomienda precaución ya que casi un tercio del financiamiento interno total no se puede asignar por estado debido a la falta de un enfoque geográfico o de datos.
Fuente: Encuesta financiera de la OCDE y base de datos del SAT.

El financiamiento filantrópico nacional tiene dificultades para llegar a las regiones más pobres

Los datos muestran una compleja interacción entre los niveles de pobreza y la asignación de recursos filantrópicos. Varios estados mexicanos con alta incidencia de pobreza, pero menor densidad de población, como Chiapas, Guerrero y Oaxaca, reciben solo niveles medios de apoyo, tanto en total como per cápita. Este patrón se ve confirmado por una regresión con alcance descriptivo, realizada con datos más detallados a nivel municipal, que sugiere que los recursos filantrópicos tienen dificultades para llegar a las zonas con las tasas de pobreza más elevadas. Como se ilustra en el Gráfico 2.9, existe una relación ligeramente negativa entre la incidencia de la pobreza, medida por el Índice de Pobreza Multidimensional (CONEVAL, n.d.[7]), y el financiamiento per cápita. Esto sugiere que, de promedio, los municipios con mayores niveles de pobreza tienden a recibir menos apoyo filantrópico. La proporción de variación explicada por el modelo es baja (R^2 inferior al 5%), lo que sugiere una relación compleja entre la asignación de fondos y los niveles de pobreza. La correlación negativa estimada puede reflejar obstáculos a la asignación, como los retos logísticos a los que se enfrentan las fundaciones para llegar a zonas rurales y de baja densidad, así como la influencia del crimen organizado en algunos contextos, lo que aumenta el riesgo operativo para las organizaciones locales.

Gráfico 2.9. El financiamiento per cápita es ligeramente inferior en los municipios más pobres

El diagrama de dispersión muestra la correlación entre la pobreza multidimensional y el financiamiento per cápita estimado, 2020-23

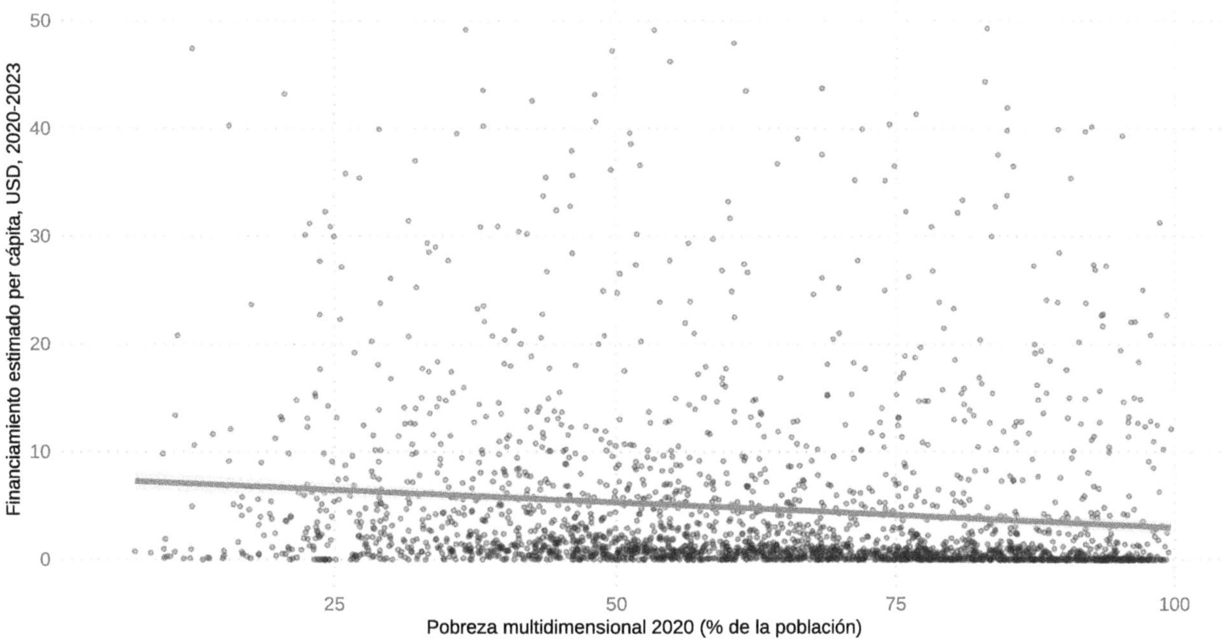

Nota: Los municipios que recibieron más de 50 USD per cápita entre 2020 y 2023 no se muestran en el gráfico.
Fuente: Base de datos del SAT y (CONEVAL, n.d.[7]).

Implementación de las donaciones filantrópicas nacionales

La encuesta organizacional de la OCDE ofrece información valiosa sobre cómo operan los actores filantrópicos en México, sus redes y los principales desafíos que enfrentan. La lista completa de las 62 organizaciones participantes se proporciona en el Anexo A.

Los encuestados reflejan la diversidad del sector filantrópico

Las organizaciones que respondieron a la encuesta ilustran la diversidad del sector filantrópico en México. Las fundaciones mixtas, aquellas que implementan actividades y otorgan subvenciones a otras entidades, constituyeron alrededor del 40% de la muestra (Gráfico 2.10). Otros encuestados fueron organizaciones intermediarias (23%), fundaciones de mera implementación (31%) y un número limitado de entidades dedicadas exclusivamente a otorgar subvenciones (6%).

Gráfico 2.10. Dos de cada cinco encuestados combinan la concesión de subvenciones con la ejecución de proyectos

Modo de funcionamiento autoevaluado

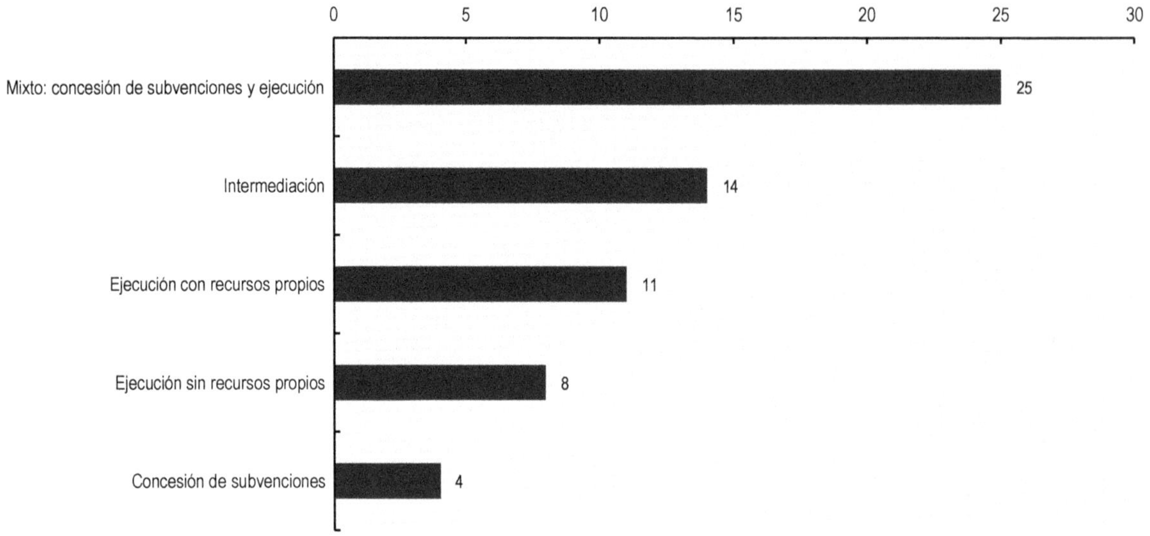

Nota: Respuesta a la pregunta "¿Qué rol describe mejor su organización?". Las organizaciones podían elegir una opción.
Fuente: Encuesta organizacional de la OCDE.

Cabe destacar que 8 organizaciones de implementación sin recursos financieros propios y 14 organizaciones intermediarias completaron el cuestionario a pesar de que, debido a la falta de recursos privados propios, no cumplen estrictamente los criterios de inclusión del estudio. Con el fin de proporcionar una comprensión de las estrategias y los desafíos organizacionales en el panorama filantrópico general de México, sus respuestas se incluyen en el análisis.[2] Además de estos tipos de organizaciones, numerosas empresas contribuyen al desarrollo de México a través de iniciativas de responsabilidad social empresarial (RSE), que no están contempladas en este estudio (véase el Recuadro 2.2).

Recuadro 2.2. Responsabilidad social empresarial en México

La responsabilidad social empresarial (RSE) en México ha evolucionado desde sus raíces filantrópicas a una práctica más estructurada y alineada con los negocios. La RSE, que tradicionalmente se centraba en donaciones caritativas y apoyo a la comunidad, se está integrando cada vez más en las estrategias corporativas, en particular entre las grandes empresas que responden a las cambiantes expectativas de las partes interesadas y a los estándares mundiales de sostenibilidad.

La RSE en México se suele enfocar en la educación, la sostenibilidad ambiental y el desarrollo comunitario (Lozano, Ehrlich and Leal, 2005[8]). Las empresas informaron de que la RSE ayuda a mejorar la competitividad, fomentar la innovación y generar confianza con los consumidores, en especial cuando se abordan desafíos sociales o ambientales persistentes (AMN, 2023[9]). La creciente adopción de marcos ambientales, sociales y de gobernanza (ASG) ha alentado aún más a las empresas a alinear las iniciativas de RSE con resultados de sostenibilidad mensurables, incluida la participación en índices de informes voluntarios como el Índice de Sustentabilidad de la Bolsa Mexicana de Valores (ICLG, 2025[10]).

Cemex, una de las multinacionales más grandes de México, ilustra un enfoque estratégico de la RSE. En lugar de operar a través de una fundación separada, la empresa integra objetivos sociales directamente en sus operaciones. Su programa insignia "Patrimonio Hoy" ayuda a familias de ingresos bajos a mejorar sus viviendas mediante planes de ahorro, asesoría técnica y acceso a materiales de construcción (Cemex, 2023[11]). Otras iniciativas se centran en la formación profesional y la construcción con bajas emisiones de carbono, lo que refleja un énfasis creciente en los objetivos climáticos y la infraestructura inclusiva. La capacidad de la empresa para movilizar cadenas de suministro, experiencia técnica y alianzas locales también le ha permitido apoyar la planificación de la recuperación y la resiliencia ante desastres, de forma que complementa los servicios públicos (Cemex, 2023[12]).

Además de la diversidad en el tipo de organización, los encuestados también difieren significativamente en términos de tamaño y experiencia. Si bien la mayoría de las organizaciones son de tamaño mediano (emplean entre 10 y 99 personas), 10 organizaciones informaron de que cuentan con más de 100 empleados y 2 emplean a más de 500 personas (Gráfico 2.11). La mayoría de las organizaciones se establecieron en la década de 1990 o después, lo que refleja la tendencia nacional más amplia de expansión e institucionalización dentro del sector filantrópico a fines de la década de 1980 (Gráfico 2.12). Un caso notable es la Fundación Nacional Monte de Piedad, cuyo año de fundación, 1775, la convierte en una de las instituciones filantrópicas más antiguas de México. Aunque en un principio se creó para ofrecer préstamos a bajo interés y frenar las prácticas crediticias abusivas, continúa impulsando su misión social a través de servicios financieros y apoyo sostenido a las organizaciones de la sociedad civil. A diferencia de la mayoría de las fundaciones, opera gracias a un modelo autosuficiente en el que los ingresos de su red nacional de servicios de préstamos de empeño a bajo interés se utilizan para financiar subvenciones y alianzas con organizaciones de la sociedad civil, eliminando la necesidad de recaudación de fondos externos (Nacional Monte de Piedad, 2023[13]).

Gráfico 2.11. Los encuestados varían significativamente en tamaño

Tamaño del personal autodeclarado en 2022

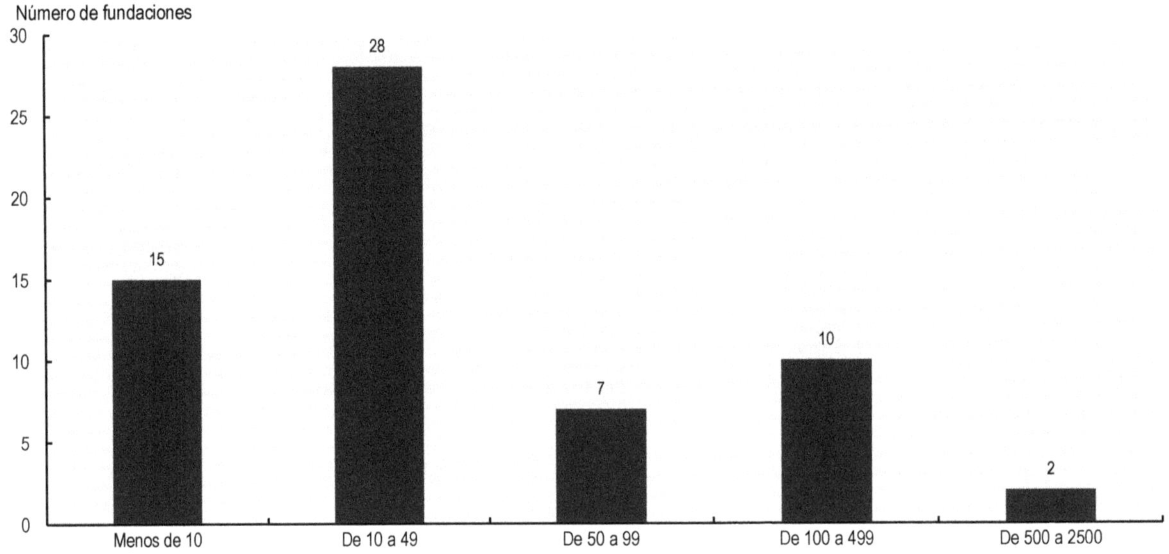

Nota: Respuesta a la pregunta "¿Cuántas personas trabajaron a tiempo parcial o completo en la organización en cada uno de los siguientes períodos?". El gráfico muestra los resultados agregados para el año 2022.
Fuente: Encuesta organizacional de la OCDE.

Gráfico 2.12. La mayoría de las organizaciones se establecieron después de 1990

Año de la primera constitución legal

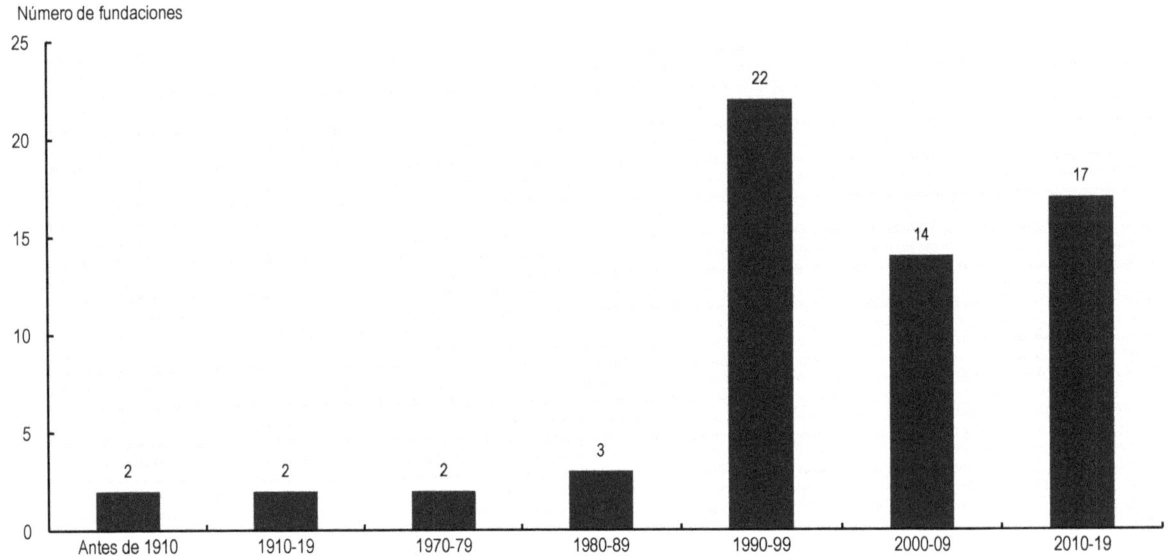

Nota: Respuesta a la pregunta "¿En qué año se constituyó legalmente la organización por primera vez?".
Fuente: Encuesta organizacional de la OCDE.

Si bien el uso de instrumentos financieros es limitado, las organizaciones mexicanas brindan una serie de apoyos no financieros

Existe un creciente reconocimiento del potencial que tienen los actores filantrópicos de participar en un financiamiento más diversificado y estratégico que vaya más allá de las subvenciones tradicionales para mejorar la eficacia de sus alianzas y catalizar fuentes adicionales de financiación comercial. Este enfoque implica adaptar los instrumentos financieros con el fin de que coincidan mejor con las necesidades y capacidades específicas de las organizaciones asociadas (OCDE, 2021[1]).

A pesar de este potencial, la participación filantrópica privada en México sigue siendo en gran medida conservadora en su distribución del capital. Entre las organizaciones encuestadas, la gran mayoría proporciona donaciones en especie y en efectivo (Gráfico 2.13). Aproximadamente un tercio de la muestra también concede subvenciones de contrapartida y premios o ayudas. Sin embargo, la adopción de mecanismos financieros innovadores más complejos sigue siendo extremadamente limitada: solo una organización de la muestra informó de que ofrece préstamos y ninguna ofrece garantías.

Gráfico 2.13. Las organizaciones mexicanas rehúyen el apoyo financiero no tradicional

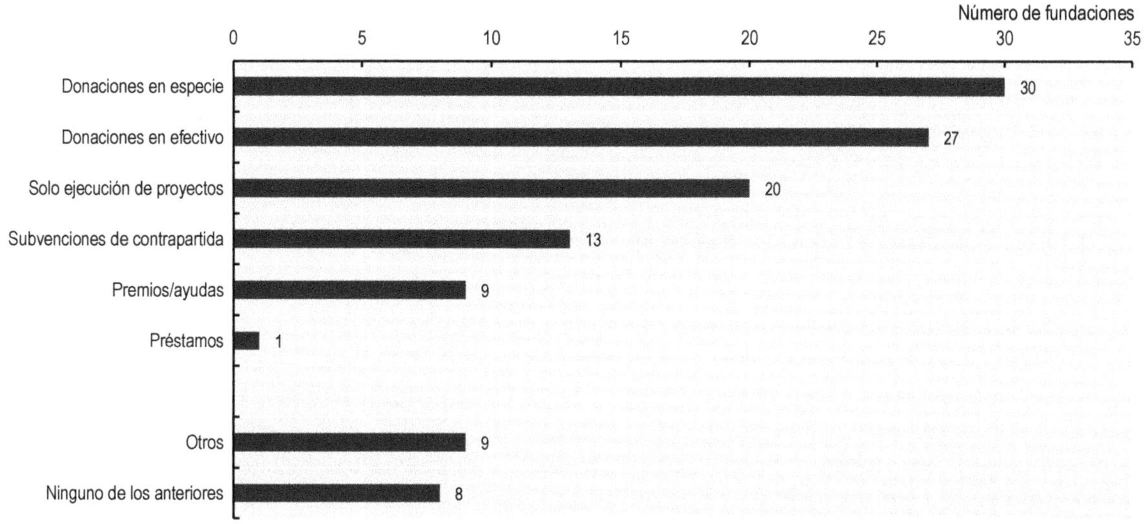

Nota: Respuestas a la pregunta "¿Qué tipo de apoyo financiero proporciona su organización a sus beneficiarios?". Las organizaciones podían elegir múltiples opciones.
Fuente: Encuesta organizacional de la OCDE.

Más allá de las contribuciones financieras, los encuestados informaron de que habían implementado una serie de iniciativas de apoyo no financiero para sus beneficiarios (Gráfico 2.14). El respaldo al seguimiento y la evaluación fue el más común, citado por casi un tercio de las organizaciones. Alrededor de una cuarta parte de los encuestados también mencionaron con frecuencia el acceso a redes de donantes, la elaboración de teorías de cambio y el fortalecimiento de la capacidad administrativa. Menos organizaciones ofrecieron apoyo en materia de recaudación de fondos estratégicos o de comunicación. Además, 29 de las 62 organizaciones informaron de que brindaban "otras" formas de apoyo no financiero. Estas incluyen capacitación y educación (por ejemplo, desarrollo de competencias, emprendimiento y programas escolares); apoyo psicosocial y emocional (por ejemplo, asesoramiento, actividades recreativas y resolución de conflictos); asistencia organizativa y jurídica (por ejemplo, monitoreo de proyectos, formación en RSE y orientación jurídica); ayuda en infraestructura y material (por ejemplo, salas de estudio y equipos donados) y desarrollo comunitario centrado en el liderazgo de base, el aprendizaje holístico y las cadenas de valor.

Gráfico 2.14. Los encuestados informaron de que se les ofrecía una amplia gama de apoyo no financiero

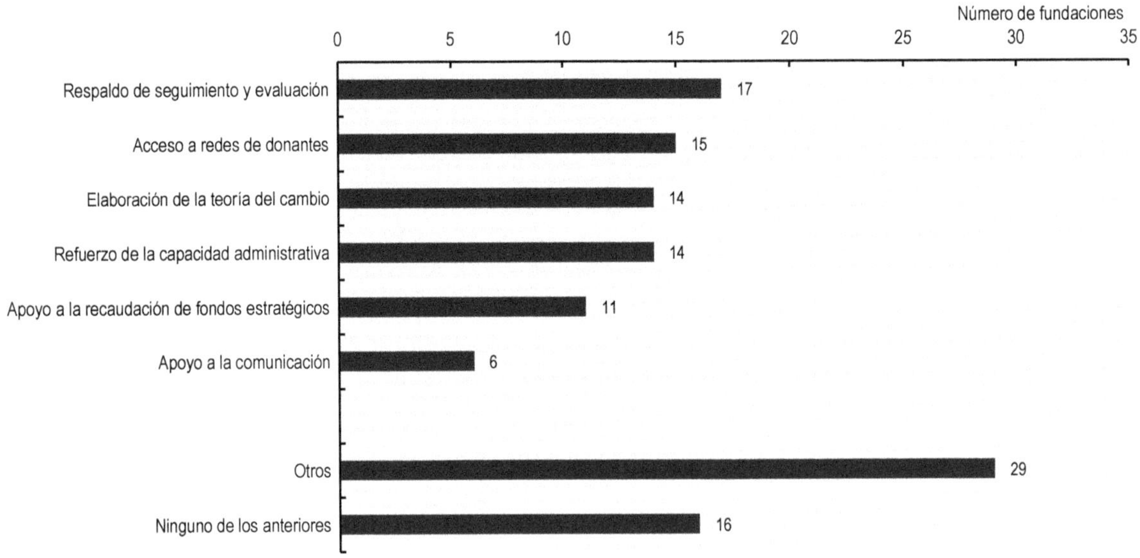

Nota: Respuestas a la pregunta "¿Qué tipo de apoyo no financiero proporciona su organización a sus beneficiarios?". Las organizaciones podían elegir múltiples opciones.
Fuente: Encuesta organizacional de la OCDE.

La mayoría de los encuestados se dirigen a los jóvenes y a las personas en situación de pobreza

La mayoría de los encuestados asignan sus recursos a varios grupos demográficos, y los jóvenes y las personas en situación de pobreza surgen como grupos destinatarios clave (Gráfico 2.15). En torno a dos tercios de los encuestados dicen que apoyan a niños y jóvenes, y más de la mitad destinan su financiamiento a personas en situación de pobreza. En cambio, las personas mayores reciben comparativamente poca atención: menos de 1 de cada 3 encuestados las identifica como un grupo prioritario. El origen étnico y el género parecen desempeñar un papel más limitado en la selección de beneficiarios, ya que solo alrededor de un tercio de los encuestados respondió que la selección se realizó en función de esas características. Menos de un tercio de los encuestados apoya a las poblaciones indígenas y, si bien las mujeres tienen una probabilidad ligeramente mayor de recibir apoyo que los hombres, la focalización en cuestiones de género sigue siendo, hasta cierto punto, poco frecuente en la muestra.

Gráfico 2.15. Las organizaciones mexicanas se enfocan en jóvenes y personas en situación de pobreza

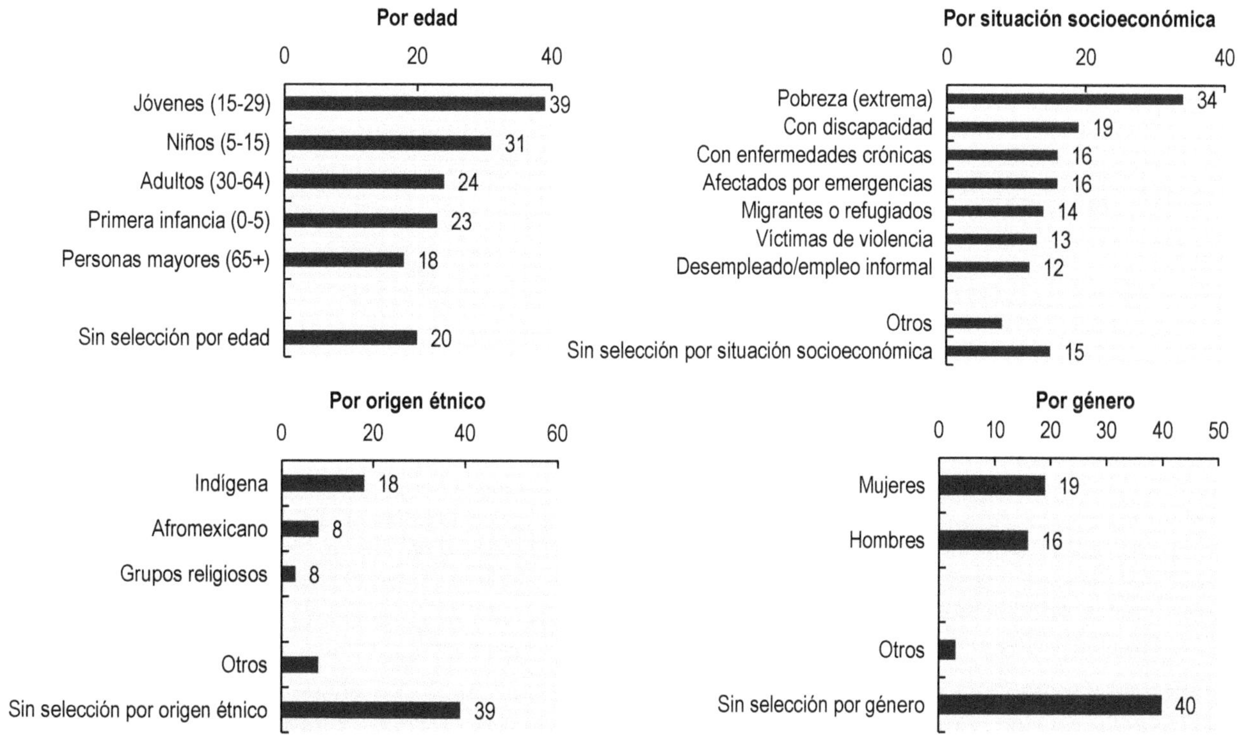

Nota: Se pidió a las organizaciones que identificaran sus grupos demográficos objetivo. Las organizaciones podían elegir múltiples opciones.
Fuente: Encuesta organizacional de la OCDE.

Los encuestados informaron de que trabajaron en colaboración

El cofinanciamiento es una práctica común entre las organizaciones filantrópicas en México. Las organizaciones financian iniciativas conjuntas por varias razones, desde ampliar un programa específico hasta reunir fondos para abordar un problema que un solo donante no puede atender por sí solo (OCDE, 2021[1]). La mayoría de los encuestados (35 organizaciones de 62, o el 57%) cofinanciaron al menos un proyecto con otra organización entre 2016 y 2022. Quienes colaboran tienen una red establecida y la mayoría participa en más de cinco iniciativas conjuntas. Cabe destacar que no existe correlación entre el tamaño de una organización en términos de financiamiento y el número de colaboraciones: tanto los encuestados grandes como los pequeños informaron de que contaban con un número similar de socios (véase el Gráfico 2.16).

Gráfico 2.16. La mayoría de los encuestados colaboran a través de redes establecidas

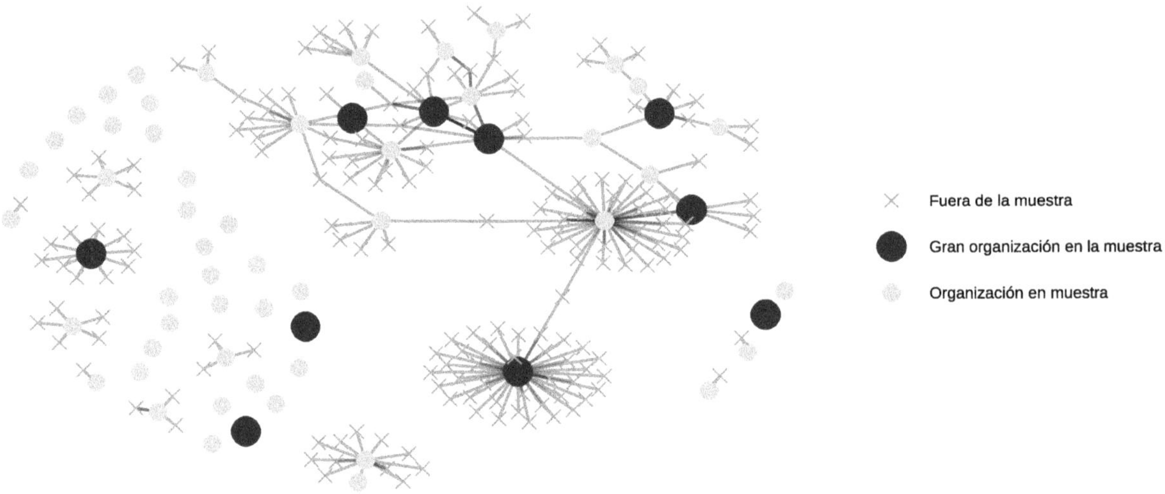

Nota: En función de las respuestas de 62 organizaciones que informaron de manera voluntaria sobre si cofinanciaron operaciones. Cada nodo representa una organización filantrópica y cada enlace representa una conexión con otra organización, que puede ser otro donante privado u otros socios, incluidos gobiernos y organizaciones de implementación. Las grandes organizaciones son los 10 mayores donantes que completaron la encuesta organizacional. Los nodos no conectados representan organizaciones que no se cofinancian.
Fuente: Encuesta organizacional de la OCDE.

Cuando se les pregunta sobre las barreras al cofinanciamiento, tanto los encuestados que forman parte de una colaboración como los que no lo hacen citan obstáculos similares. Alrededor de un tercio de los encuestados enfrenta dificultades para encontrar socios con objetivos alineados, lo que refleja una mayor falta de conciencia y transparencia sobre las prioridades filantrópicas. Una cuarta parte de las organizaciones encuestadas mencionó la carga de recursos (tiempo, recursos financieros y humanos) que supone coordinar recursos entre varias organizaciones como un factor disuasorio (Gráfico 2.17).

Gráfico 2.17. Las organizaciones en México enfrentan dificultades para encontrar socios con intereses comunes

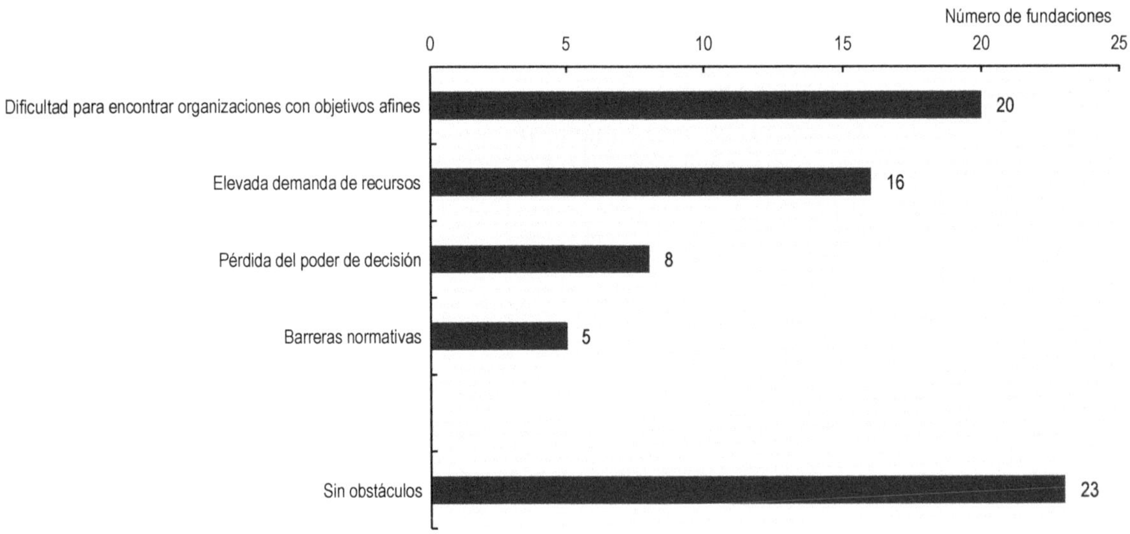

Nota: Respuesta a la pregunta "¿Cuáles son los principales obstáculos que ha encontrado su organización para cofinanciar actividades?". Las organizaciones podían elegir múltiples opciones.
Fuente: Encuesta organizacional de la OCDE.

Más allá de cofinanciar proyectos, los encuestados involucran a una serie de partes interesadas en el diseño y la implementación de sus proyectos, aunque en distintos grados (Gráfico 2.18). Los enfoques participativos son comunes entre las organizaciones, y la mayoría de los encuestados (41 organizaciones de las 55[3] que respondieron la pregunta, o el 75%) informaron de que siempre involucran a los beneficiarios durante las fases de diseño e implementación de sus proyectos. La colaboración con otros donantes y organizaciones no gubernamentales (ONG) también está relativamente extendida: en torno a tres cuartas partes de los encuestados indican una interacción frecuente o constante con estos actores. Por el contrario, -la cooperación con las instituciones públicas, en especial a nivel federal, sigue siendo limitada. Más de dos tercios de los encuestados informaron de que rara vez o nunca participan con organismos del gobierno federal u otras agencias gubernamentales en el diseño e implementación de sus proyectos.

Gráfico 2.18. La colaboración con el gobierno es limitada

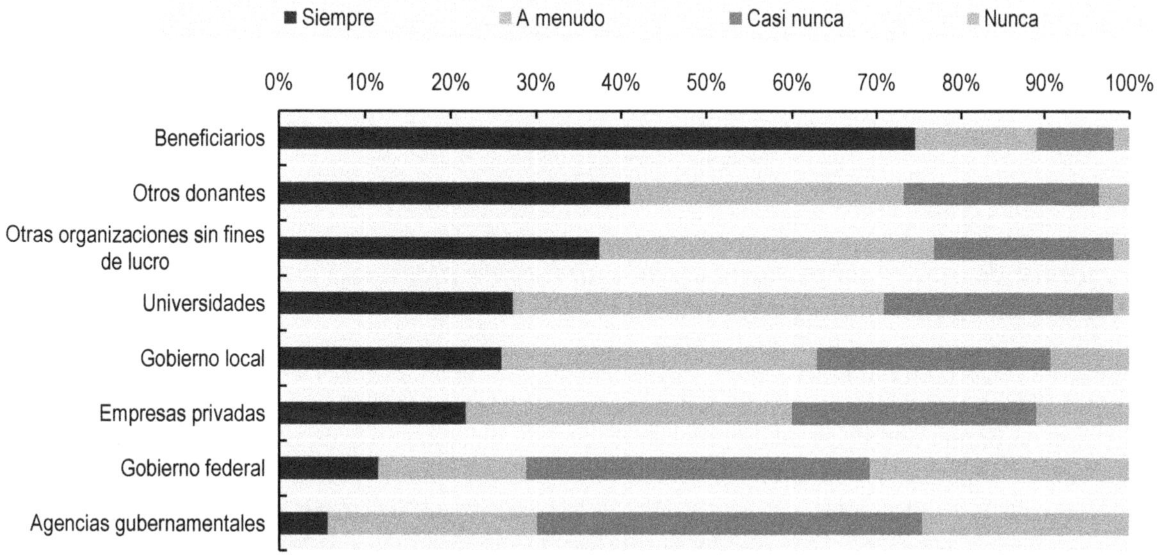

Nota: Respuesta a la pregunta "¿En qué medida su organización involucra a los siguientes actores en el diseño o implementación de un proyecto?". Las organizaciones podían elegir una frecuencia por cada parte interesada.
Fuente: Encuesta organizacional de la OCDE.

Cuando se preguntó cómo se podría mejorar la colaboración entre las organizaciones y otros actores del desarrollo, más de dos tercios de los encuestados identificaron una mayor transparencia como un factor *muy importante*, mientras que el resto lo consideró *importante*. De manera similar, casi todos los encuestados consideraron que la reducción de las barreras burocráticas era *muy importante* o *importante*. Cabe destacar que estos dos factores se consideraron más importantes que otras medidas, como el aumento de los incentivos fiscales o la creación de plataformas de diálogo (Gráfico 2.19).

Gráfico 2.19. Más transparencia y menos burocracia podrían fomentar la colaboración

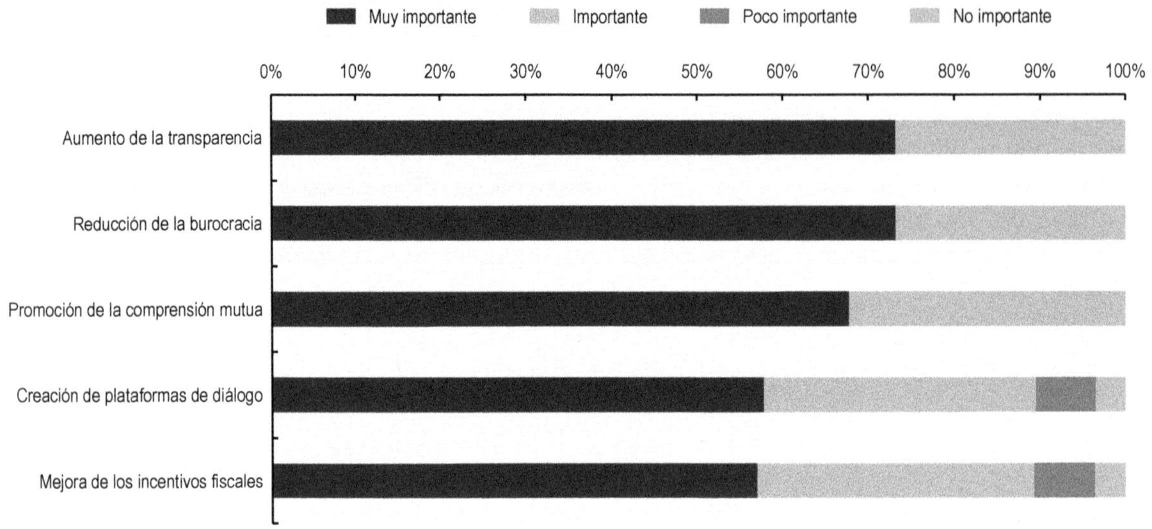

Nota: Respuesta a la pregunta "¿Cómo se puede mejorar la colaboración entre organizaciones y otros actores del desarrollo (gobiernos, beneficiarios, ONG, etc.)?". Las organizaciones podían elegir un nivel de importancia por elemento.
Fuente: Encuesta organizacional de la OCDE.

El intercambio de información sigue siendo limitado a pesar del creciente uso de herramientas de seguimiento y evaluación

La transparencia aún no es la norma en el sector filantrópico mexicano (Gráfico 2.20). Si bien casi dos tercios de los encuestados informaron de que publican informes anuales o evaluaciones del desempeño organizacional, la profundidad y la calidad de la información divulgada varían considerablemente. Menos de la mitad de las organizaciones encuestadas publican estados financieros auditados y una proporción aún menor revela sus estrategias de concesión de subvenciones, información sobre los procesos de concesión y planes estratégicos. Cabe destacar que seis organizaciones informaron de que no comparten con el público información de este tipo.

A pesar de que el gobierno no cuenta con una obligación vinculante de presentación de información, se fomenta la transparencia a través de iniciativas como la Acreditación en Institucionalidad y Transparencia del Centro Mexicano para la Filantropía (CEMEFI), que promueve la credibilidad y la rendición de cuentas en el sector (Cemefi, 2021[14]). Al mismo tiempo, la Ley General de Transparencia promulgada en 2015 exige que las organizaciones que reciben fondos públicos revelen información relevante. Sin embargo, la ejecución y el cumplimiento siguen siendo desiguales entre los estados (Garcia, 2020[15]). Como resultado de ello, la publicación regular de datos financieros e información sobre el nivel de subvenciones sigue siendo limitada.

Gráfico 2.20. Falta transparencia en varios ámbitos

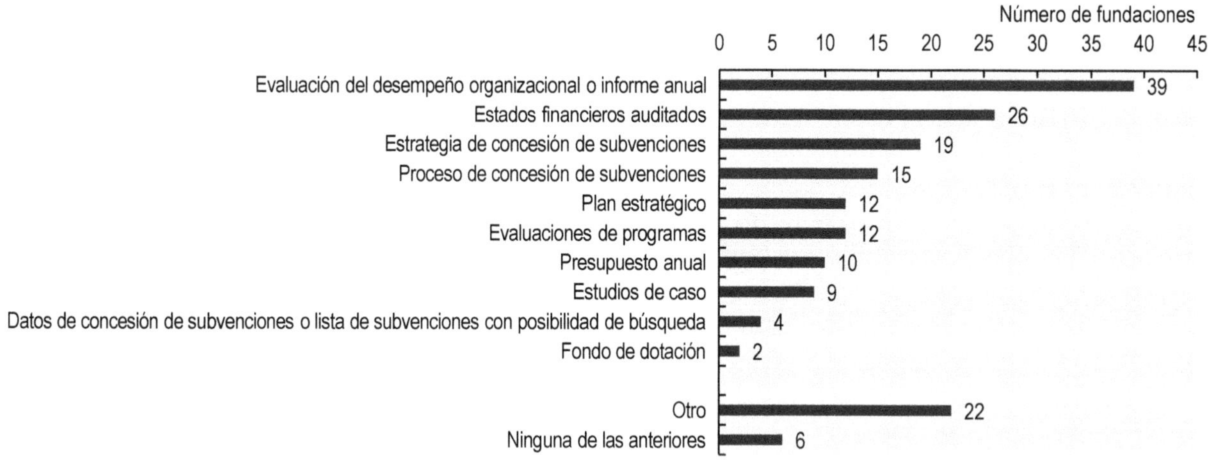

Nota: Respuesta a la pregunta "¿Qué información sobre su organización está disponible en el sitio web u otras fuentes públicas?". Las organizaciones podían elegir múltiples opciones.
Fuente: Encuesta organizacional de la OCDE.

Los encuestados informaron de que hacían seguimiento y evaluaban de manera regular sus programas, aunque con diferencias en la complejidad del método empleado (Gráfico 2.21). Los informes de campo, la retroalimentación de los beneficiarios y las evaluaciones de procesos son los que más se implementan, ya que los utilizan más de dos tercios de las organizaciones para todos los proyectos, seguidos de las evaluaciones de necesidades y el diseño de las intervenciones. En torno a la mitad y un tercio de las organizaciones, respectivamente, utilizan enfoques de mayor exigencia técnica, como las evaluaciones de rentabilidad y de impacto.

Gráfico 2.21. La mayoría de los encuestados supervisan y evalúan su trabajo

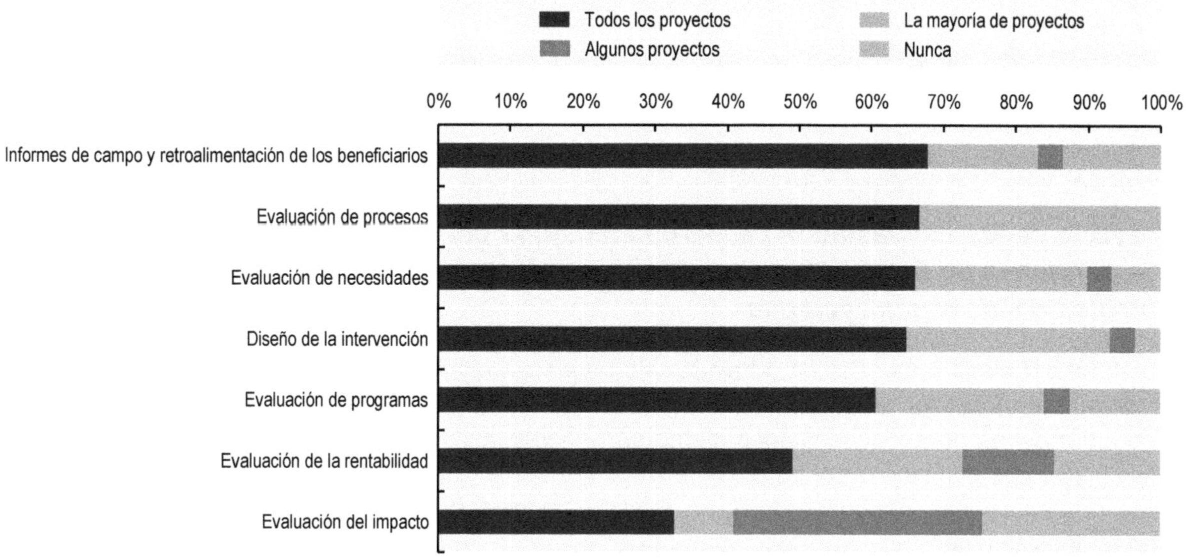

Nota: Respuesta a la pregunta "Desde 2019, ¿con qué frecuencia su organización ha aplicado los siguientes métodos de evaluación a sus donaciones o proyectos?". Las organizaciones podían elegir una frecuencia por método.
Fuente: Encuesta organizacional de la OCDE.

Si bien las evaluaciones filantrópicas pueden brindar información valiosa para fundamentar las políticas públicas y a otros actores, (OCDE, 2021[1]) dos tercios de los encuestados dijeron que enfrentan desafíos a la hora de convertir los resultados de esas evaluaciones en influencia o acciones significativas. (Gráfico 2.22). Por el contrario, muchos menos encuestados informaron sobre desafíos en el uso de las evaluaciones para fortalecer las estrategias organizacionales (21%) o compartir conocimientos con los socios (17%). La capacidad de realizar evaluaciones de alta calidad está estrechamente vinculada a los recursos financieros: casi la mitad de los encuestados tienen dificultades para conseguir financiamiento suficiente destinado a las actividades de evaluación. Las organizaciones más grandes tienen más probabilidades de invertir en sistemas formales y personal especializado, lo que permite una evaluación sistemática. En cambio, las organizaciones más pequeñas a menudo dependen de herramientas básicas y enfrentan restricciones de capacidad y personal que limitan los esfuerzos de evaluación sostenidos (Cemefi, 2023[16]; Cruz Hernandez, 2024[17]).

Gráfico 2.22. Las organizaciones enfrentan desafíos a la hora de aprovechar las evaluaciones para fundamentar las políticas públicas

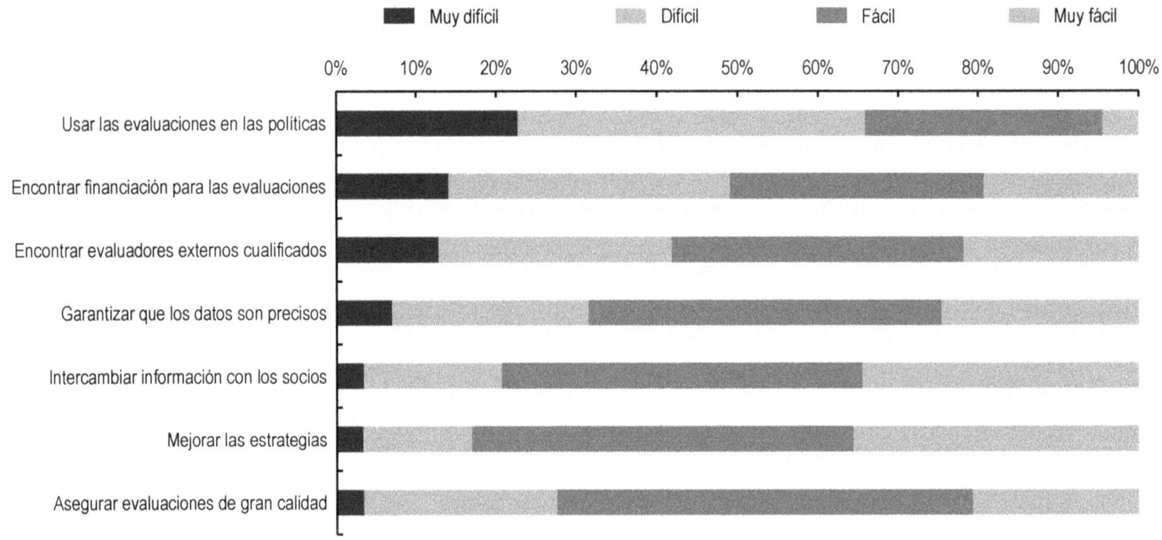

Nota: Respuesta a la pregunta "¿Cuáles son los desafíos más importantes que enfrenta su organización en términos de seguimiento y evaluación?". Las organizaciones podían elegir un nivel de dificultad por desafío.
Fuente: Encuesta organizacional de la OCDE.

La mayoría de los encuestados se vieron afectados por cambios normativos, mientras que la pandemia de COVID-19 no pareció tener efectos duraderos en las operaciones y estrategias de las organizaciones

Como se ha señalado más atrás, la administración *del Movimiento de Regeneración Nacional* (Morena) del expresidente Obrador alteró de manera significativa el marco regulatorio para las fundaciones en México. La mayoría de los encuestados afirmaron haberse visto afectados, aunque en distintos grados (Gráfico 2.23). Los cambios en el tratamiento fiscal de las donaciones tuvieron el mayor efecto, ya que muchas organizaciones dependen en gran medida de esta fuente de ingresos. La mayoría de las organizaciones también se vieron afectadas por el aumento de los criterios para revocar el estatus de donatario autorizado, necesario para recibir donaciones deducibles de impuestos. En menor medida, también les perjudicó que las donaciones pasaran a encuadrarse en otras deducciones personales. En cambio, la reducción del apoyo público, como el fin del INDESOL y del Programa de Coinversión Social, afectó a menos organizaciones.

Gráfico 2.23. Los encuestados enfrentan desafíos a la hora de aprovechar las evaluaciones para fundamentar las políticas públicas

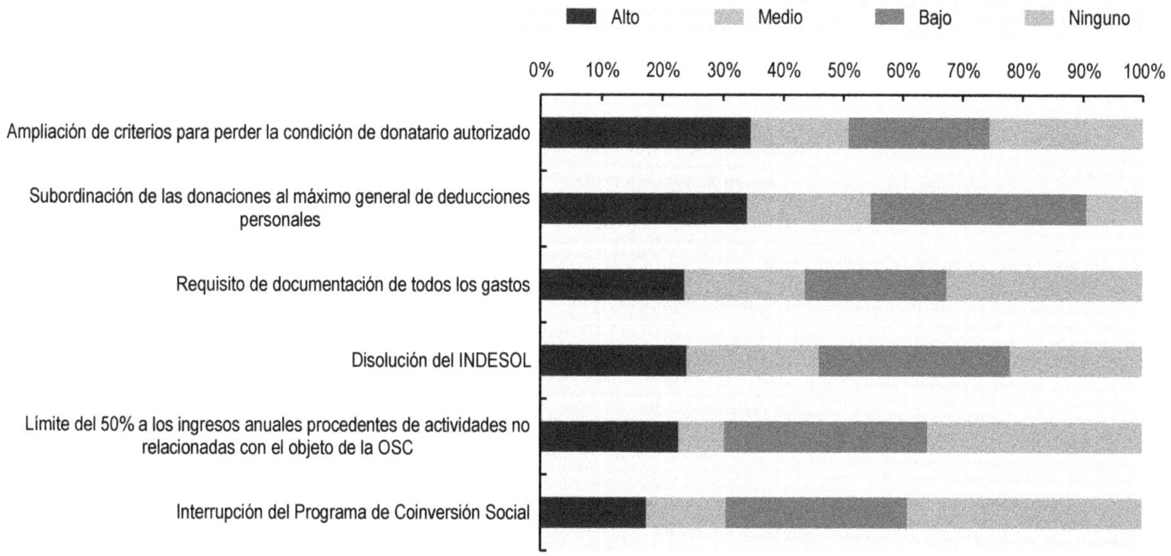

Nota: Respuesta a la pregunta "¿En qué medida han afectado a su organización los siguientes cambios normativos recientes?". Las organizaciones podían elegir un nivel de impacto por elemento.
Fuente: Encuesta organizacional de la OCDE.

En paralelo a estos cambios normativos, las organizaciones mexicanas tuvieron que adaptarse a los desafíos de la pandemia de COVID-19, que causó estragos en el país a partir de febrero de 2020. La pandemia se cobró la vida de más de 300 000 personas (Worldometer, 2025[18]). Alrededor de un tercio de los encuestados informó tanto de una reducción del presupuesto operativo como de problemas de salud mental entre su personal. Además, casi una cuarta parte de los encuestados redujo el tamaño de su plantilla y en torno a una sexta parte tuvo que lidiar con la muerte de miembros del personal.

Sin embargo, como se muestra en el Gráfico 2.24, los efectos de la pandemia de COVID-19 en las operaciones y las estrategias fueron en gran medida temporales. Si bien el 29% de los encuestados reasignó temporalmente recursos a programas relacionados con la COVID-19 y el 22% aumentó sus presupuestos anuales, solo el 14% mantuvo estos niveles de gasto más elevados. Una proporción similar informó de una reducción permanente en sus presupuestos. El cambio a largo plazo más notable reportado fue la creación de nuevas conexiones entre beneficiarios y donantes, citado por el 20% de los encuestados.

Gráfico 2.24. La mayoría de las respuestas a la pandemia de COVID-19 fueron temporales

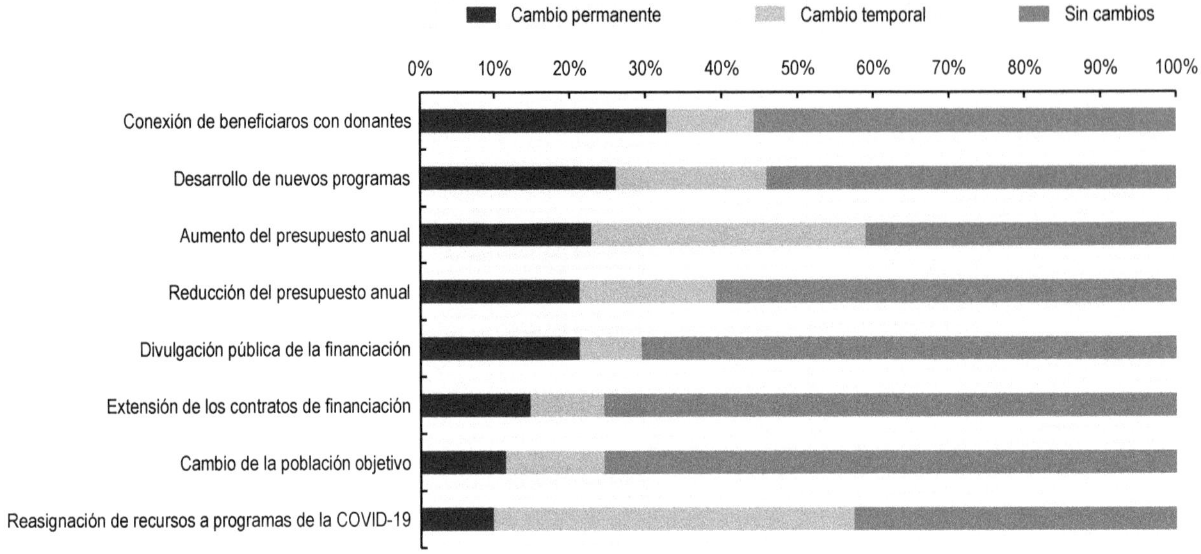

Nota: Respuesta a la pregunta "¿Cómo ha afectado la pandemia de COVID-19 a la estrategia de su organización?". Las organizaciones podían elegir una respuesta por elemento.
Fuente: Encuesta organizacional de la OCDE.

Notas

[1] El sector de "otras infraestructuras y servicios sociales" (código 160) del CAD de la OCDE incluye la protección social (16010), que abarca las pensiones, el bienestar y el apoyo a grupos vulnerables; la creación de empleo (16020); la política de vivienda y la vivienda de bajo costo (16030, 16040); y la ayuda multisectorial para servicios básicos (16050). También comprende la cultura y la recreación (16061), el desarrollo de la capacidad estadística (16062), el control de estupefacientes (16063), la mitigación social del VIH/Sida (16064), los derechos laborales (16070) y el diálogo social (16080) (OCDE, n.d.[19]).

[2] Su inclusión no alteró significativamente los hallazgos principales.

[3] De la muestra total de 62 fundaciones, 55 respondieron a esta pregunta. Los porcentajes se basan en estos encuestados.

Referencias

AMN (2023), *Corporate Social Responsibility in Mexico - Why it Matters - AMN*, https://amnquality.com/en/corporate-social-responsibility-importance-mexico/ (accessed on 26 March 2025). [9]

Cemefi (2023), *7 tendencias de la Filantropía y de la Sociedad Civil Organizada Contenido*, http://www.cemefi.org. [16]

Cemefi (2021), *Acreditacion en institucionalidad y transparencia*, https://www.cemefi.org/centrodedocumentacion/11388.pdf (accessed on 10 April 2025). [14]

Cemex (2023), *Future in Action - Corporate Website - Cemex*, https://www.cemex.com/en/sustainability/future-in-action (accessed on 24 March 2025). [12]

Cemex (2023), *Patrimonio Hoy de Cemex: 25 Años Mejorando Viviendas en México. | Cemex Mexico*, https://www.cemexmexico.com/sostenibilidad/vivienda/patrimonio-hoy (accessed on 24 March 2025). [11]

CONEVAL (n.d.), "Multidimensional Measurement of poverty in Mexico: an economic wellbeing and social rights approach", https://www.coneval.org.mx/informesPublicaciones/FolletosInstitucionales/Documents/Multidimensional-Measurement-of-poverty-in-Mexico.pdf (accessed on 6 May 2025). [7]

Cruz Hernandez, S. (2024), "Filantropía comunitaria en México: Narrativas emergentes de lo común, el territorio y la memoria", *Comuni@cción: Revista de Investigación en Comunicación y Desarrollo*, Vol. 15/1, pp. 56-65, https://doi.org/10.33595/2226-1478.15.1.1019. [17]

Fundación Carlos Slim (n.d.), *Quiénes somos - Fundación Carlos Slim*, https://fundacioncarlosslim.org/quienes-somos/ (accessed on 9 April 2025). [2]

Garcia, A. (2020), *Transparency in Mexico: An Overview of Access to Information Regulations and their Effectiveness at the Federal and State Level | Wilson Center*, Wilson Center, https://www.wilsoncenter.org/publication/transparency-mexico-overview-access-to-information-regulations-and-their-effectiveness (accessed on 10 April 2025). [15]

ICLG (2025), *Environmental, Social & Governance Laws and Regulations Report 2025 Mexico*, https://iclg.com/practice-areas/environmental-social-and-governance-law/mexico (accessed on 26 March 2025). [10]

Lozano, G., C. Ehrlich and L. Leal (2005), "Corporate Social Responsibility Status In Mexico". [8]

Nacional Monte de Piedad (2023), *Nacional Monte de Piedad-Inversion Social | Nacional Monte de Piedad-Inversion Social*, https://inversionsocial.montepiedad.com.mx/ (accessed on 9 May 2025). [13]

OCDE (2024), *Development finance statistics: Resources for reporting*, https://www.oecd.org/en/data/insights/data-explainers/2024/10/resources-for-reporting-development-finance-statistics.html. [3]

OCDE (2023), *Domestic and Cross-border Philanthropy for Development and Gender Equality in China, 2016-19*, OECD Publishing, Paris, https://doi.org/10.1787/61050ddf-en. [4]

OCDE (2021), *Domestic Philanthropy for Development and Gender Equality in Colombia*, https://doi.org/10.1787/2762f151-en. [5]

OCDE (2021), *Private Philanthropy for Development – Second Edition: Data for Action*, The Development Dimension, OECD Publishing, Paris, https://doi.org/10.1787/cdf37f1e-en. [1]

OCDE (2019), *India's Private Giving, Unpacking Domestic Philanthropy and Corporate Social Responsibility*, https://doi.org/10.1787/4b3a0269-en. [6]

OCDE (n.d.), *Development finance classifications*, https://development-finance-codelists.oecd.org/Codeslist.aspx (accessed on 11 June 2025). [19]

Worldometer (2025), *Mexico COVID - Coronavirus Statistics - Worldometer*, https://www.worldometers.info/coronavirus/country/mexico/ (accessed on 14 April 2025). [18]

3 Filantropía Internacional y ODA para el desarrollo en México

Filantropía internacional para el desarrollo

Además de los recursos nacionales, México recibe un importante apoyo de la filantropía transfronteriza y es uno de los principales receptores de donaciones transfronterizas en América Latina en términos absolutos. Sin embargo, al igual que en India y la República Popular China, el financiamiento filantrópico nacional supera con creces la internacional. Este capítulo examina el apoyo internacional a México utilizando datos de alrededor de 40 importantes fundaciones que informan de manera periódica al Sistema de Notificación de los Países Acreedores (CRS) de la OCDE. De ellos, 27 otorgaron financiamiento a México entre 2020 y 2023.

La filantropía transfronteriza se concentra principalmente en organizaciones con sede en los Estados Unidos

Entre 2020 y 2023, 27 fundaciones filantrópicas internacionales aportaron un total de 274 millones de USD (desembolsos a precios constantes de 2023) a México. Tras una caída de 67.4 millones de USD en 2020 a 61.9 millones de USD en 2021, el financiamiento filantrópico internacional aumentó hasta 73.1 millones de USD en 2022 y 71.6 millones de USD en 2023. Este aumento se debe en gran medida a la Fundación LEGO, que incrementó de manera significativa su financiamiento a la educación en México, de 1.22 millones en 2021 a 27 millones de USD en 2023.

El financiamiento filantrópico internacional destinado a México está muy concentrado en un número limitado de fundaciones. Los cuatro mayores donantes aportaron más de la mitad del financiamiento. La Fundación Ford proporcionó la mayor parte, 50.9 millones de USD, lo que representa casi una quinta parte del total del financiamiento filantrópico transfronterizo (Gráfico 3.1). Con excepción de la Fundación LEGO (35.1 millones de USD) y la Children's Investment Fund Foundation (10.4 millones de USD), que tienen su sede en Dinamarca y el Reino Unido, respectivamente, casi todas las fundaciones transfronterizas con donaciones significativas remitidas a México tienen su sede en los Estados Unidos.

Gráfico 3.1. La filantropía transfronteriza destinada a México está dominada por fundaciones con sede en los Estados Unidos

Desembolsos a México, 2020-23, por proveedor

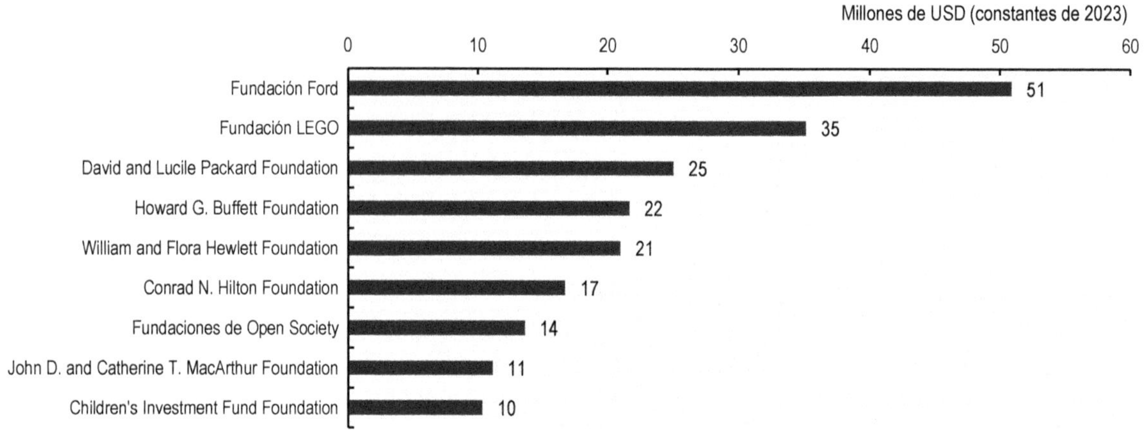

Nota: Algunas fundaciones, incluidas la Conrad N. Hilton Foundation, las fundaciones de Open Society, el Bezos Earth Fund y la Bloomberg Family Foundation, no comunicaron los datos de todos los años del período, lo cual puede afectar los resultados.
Fuente: Sistema de Notificación de los Países Acreedores del CAD de la OCDE.

México es uno de los mayores receptores de financiamiento filantrópico transfronterizo de la región de América Latina y el Caribe (ALC), solo superado por Brasil y Colombia (Gráfico 3.2).[1] Sin embargo, al ajustarlo por tamaño de la población, el financiamiento filantrópico internacional per cápita de México es significativamente menor que el de la mayoría de los demás países de ALC, incluidos Colombia, Guyana y Guatemala, que recibieron más del doble de promedio (Gráfico 3.3).

Gráfico 3.2. México es el tercer mayor destinatario de filantropía transfronteriza en América Latina

Desembolsos a países de América Latina, 2020-23, por destinatario

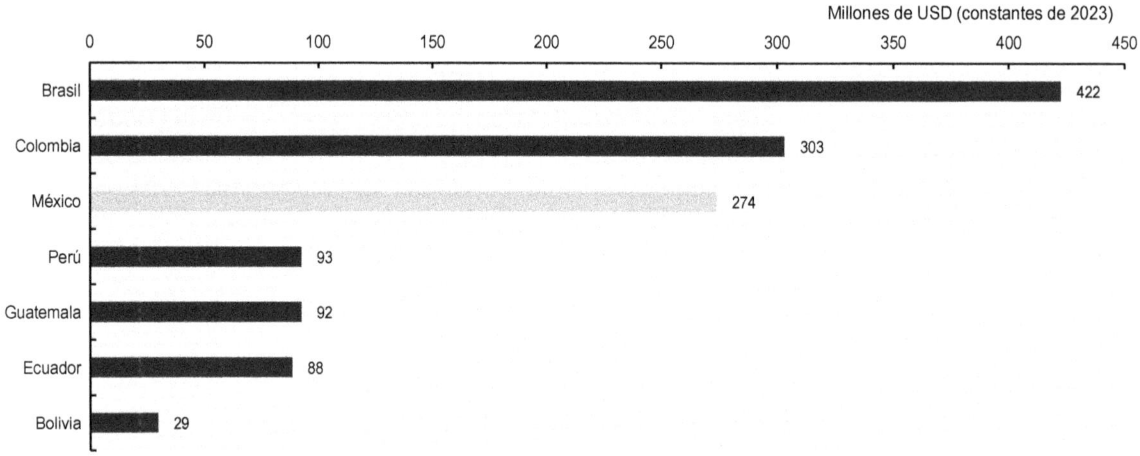

Fuente: Sistema de Notificación de los Países Acreedores del CAD de la OCDE.

Gráfico 3.3. México recibe menos filantropía internacional per cápita que la mayoría de los países latinoamericanos

Desembolsos per cápita a países latinoamericanos seleccionados, 2020-23, por destinatario

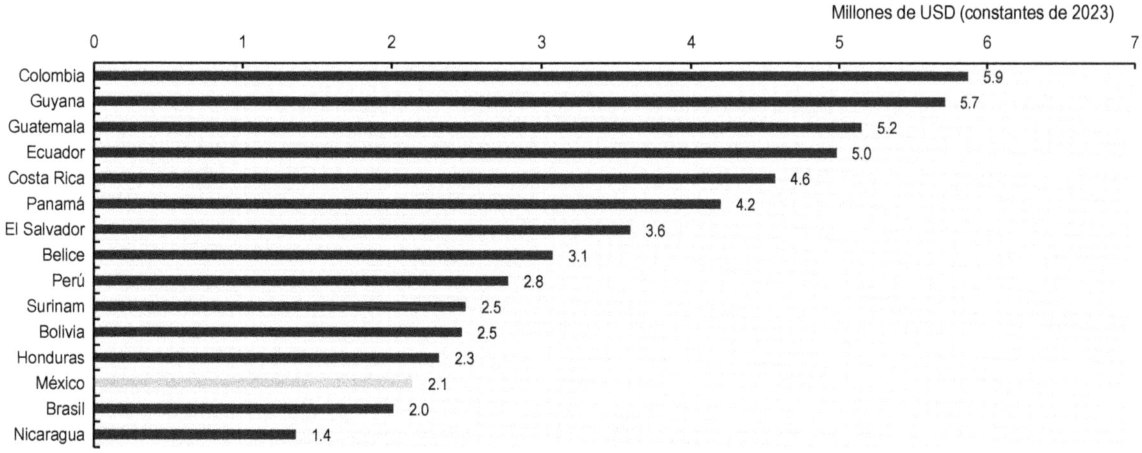

Nota: El financiamiento filantrópico internacional dirigido a México se canaliza predominantemente hacia el sector "gubernamental y de la sociedad civil".
Fuente: Sistema de Notificación de los Países Acreedores del CAD de la OCDE.

Los flujos filantrópicos transfronterizos hacia México se concentran en gran medida en el sector gubernamental y de la sociedad civil, y casi la mitad del financiamiento se asigna a iniciativas que promueven los derechos humanos, la participación democrática y el apoyo a la sociedad civil. Otras áreas clave de apoyo incluyen la educación (46.8 millones de USD), la protección del medio ambiente (33.5 millones de USD) y la salud (27 millones de USD).[2]

Gráfico 3.4. La mayor parte del financiamiento internacional se asigna al gobierno y la sociedad civil

Desembolsos a México, 2020-23, por sector

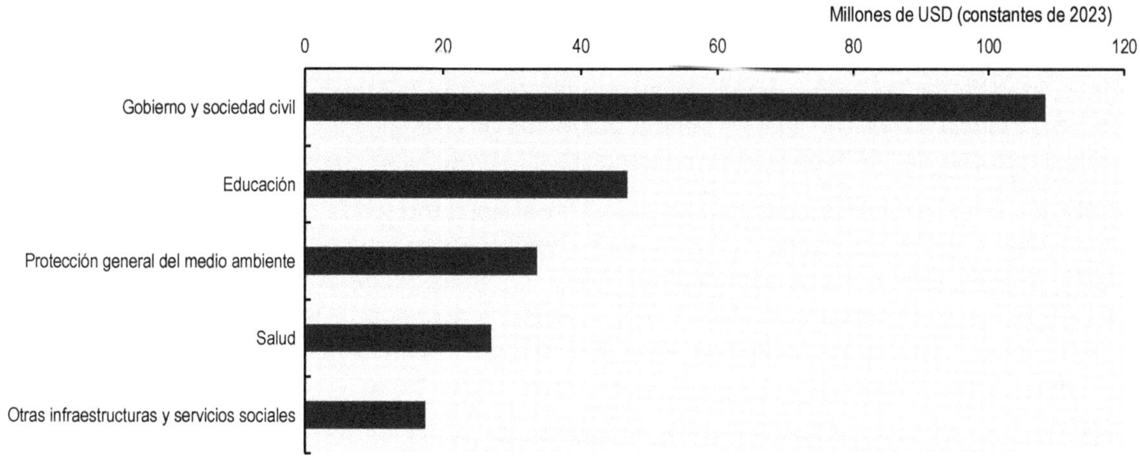

Fuente: Sistema de Notificación de los Países Acreedores del CAD de la OCDE.

Ayuda oficial al desarrollo destinada a México

Las entradas de fondos de ayuda oficial al desarrollo (AOD)[3] destinadas a México superan significativamente el financiamiento filantrópico internacional y son, en general, comparables en volumen a los recursos filantrópicos nacionales. Entre 2020 y 2023, México recibió más de 3 160 millones de USD en AOD (en dólares constantes de 2023) de los miembros del CAD. Sin embargo, los volúmenes anuales de AOD remitidos a México han fluctuado de manera considerable durante la última década, hasta alcanzar un máximo de 972.5 millones de USD en 2020, antes de disminuir a cerca de 653.6 millones de USD en 2023. Esta volatilidad puede atribuirse, en parte, a la concentración de la AOD entre un pequeño número de donantes (Gráfico 3.5).

Gráfico 3.5. Francia proporcionó la mayor parte de la AOD a México

Desembolsos brutos de AOD a México, 2020-23, por proveedor

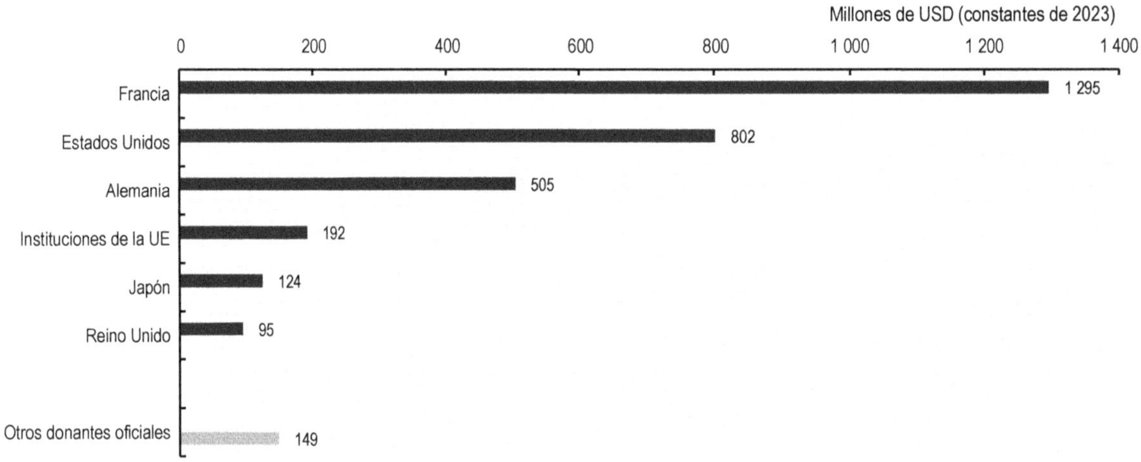

Fuente: Sistema de Notificación de los Países Acreedores del CAD de la OCDE.

Tres países, Francia, Estados Unidos y Alemania, aportaron en conjunto más de tres cuartas partes de los flujos totales de AOD de los miembros del Comité de Asistencia para el Desarrollo (CAD) de la OCDE destinados a México durante este período. Solo Francia contribuyó con el 40% del total de la AOD entre 2020 y 2023, por lo que se posicionó como el mayor donante bilateral de México.

La asignación sectorial de fondos varió, reflejando las distintas prioridades de los diferentes donantes (Gráfico 3.6). Francia fue el principal donante a proyectos ambientales en México, ya que dedicó casi la mitad (589.8 millones de USD) de su apoyo financiero a la protección ambiental general.

En cambio, los Estados Unidos apoyaron en particular al gobierno y a la sociedad civil en México, pues aportaron en torno a 414.2 millones de USD a este sector, sobre todo para mejorar el desarrollo jurídico y judicial de México. Este enfoque se ha mantenido sin cambios desde 2008 en el marco de la Iniciativa Mérida, que promueve la cooperación bilateral en materia de seguridad y fortalece el Estado de derecho, en especial en la lucha contra el narcotráfico y el crimen transnacional (United States Government Accountability Office, 2023[1]).

Alemania tiene otro interés y concentra sus esfuerzos en la educación (149.1 millones de USD), en concreto en la educación superior. Además de promover la empleabilidad de los jóvenes a través de la formación profesional dual, muchos de sus programas apoyan a estudiantes mexicanos para que prosigan sus estudios superiores en Alemania.

Gráfico 3.6. La AOD se distribuye en varios sectores

Desembolsos brutos de AOD a México, 2020-23, por sector

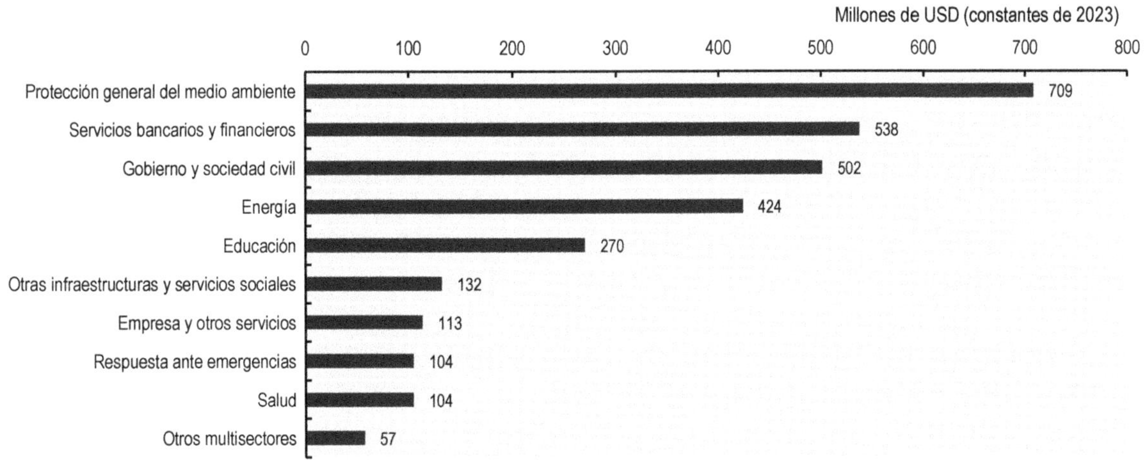

Fuente: Sistema de Notificación de los Países Acreedores del CAD de la OCDE.

La comparación de la filantropía nacional, la filantropía internacional y la ayuda oficial al desarrollo (AOD) revela un panorama de financiamiento complementario pero fragmentado. La filantropía nacional desempeña un papel fundamental en la prestación de servicios y el apoyo directo a las comunidades, y más del 70% de su financiamiento se concentra en la salud, la educación y otras infraestructuras y servicios sociales. Sin embargo, su alcance sectorial más amplio sigue siendo limitado, con contribuciones mínimas a áreas como la protección del medio ambiente, la salud reproductiva y el agua y el saneamiento.

La filantropía internacional, por el contrario, asigna la mayor parte de sus recursos al gobierno y a la sociedad civil. Si bien apoya la educación y la salud, su contribución general es menor en volumen y está más focalizada, y pocos recursos se destinan a sectores de desarrollo más amplios.

La AOD proporciona la cobertura sectorial más integral. Además de grandes asignaciones a la protección general del medio ambiente, los servicios bancarios y financieros, el gobierno y la sociedad civil, la energía y la educación, extiende su apoyo a la ayuda humanitaria, la población y la salud reproductiva, los programas multisectoriales y los sectores relacionados con la infraestructura, como el agua, el saneamiento y la agricultura. Esta distribución más amplia refleja el papel de la AOD a la hora de abordar tanto las prioridades estructurales de largo plazo como las necesidades inmediatas, incluida la respuesta a las crisis.

Si bien las tres corrientes de financiamiento contribuyen a la agenda de desarrollo de México, sus distintas prioridades y áreas de cobertura apuntan a oportunidades perdidas de mayor coordinación, colaboración y ampliación. Un enfoque más integrado podría ayudar a reducir la duplicación, abordar los puntos ciegos sectoriales y mejorar la eficacia general del financiamiento en condiciones favorables para el desarrollo en el país.

Notas

[1] Los flujos hacia regiones están excluidos de la selección.

[2] El sector salud también incluye todos los desembolsos clasificados como programas de población y salud reproductiva.

[3] Incluye la AOD de los proveedores bilaterales del CAD y de las instituciones de la UE.

Referencias

United States Government Accountability Office (2023), *US Assistance to Mexico*, https://www.gao.gov/assets/gao-23-103795.pdf. [1]

4 Lecciones clave y camino a seguir

Este informe destaca las características y los principales acontecimientos del sector filantrópico de México. Basado en datos financieros de 328 fundaciones nacionales y datos organizativos de 62 organizaciones locales, proporciona una visión general del tamaño, las estrategias y los obstáculos del sector, y compara los flujos de recursos con la filantropía internacional y la ayuda oficial al desarrollo. A partir de este análisis, el capítulo presenta recomendaciones para continuar mejorando la participación de la filantropía en la promoción del desarrollo sostenible.

Recomendaciones

1. Aumentar la transparencia y la colaboración en el sector filantrópico mediante la promoción y la simplificación del intercambio de datos

La recopilación de más datos sobre las donaciones filantrópicas nacionales en México es esencial para abordar las deficiencias de conocimiento existentes en el panorama del financiamiento, identificar las áreas prioritarias de apoyo y fomentar una mayor colaboración entre los actores filantrópicos. Los datos de la encuesta de la OCDE revelan que alrededor de un tercio de las fundaciones enfrentan desafíos a la hora de identificar socios con objetivos comunes. Asimismo, todos los encuestados coinciden en que una mayor transparencia podría facilitar alianzas más sólidas con otras fundaciones y partes interesadas del desarrollo. Sin embargo, la baja tasa de respuesta de la encuesta (solo 62 de 296 fundaciones con información de contacto válida) refleja obstáculos persistentes como la fatiga ante las encuestas, la limitación de la capacidad institucional y la falta de confianza en los procesos de intercambio de datos.

En este contexto, la disponibilidad pública del registro de datos del SAT representa un avance importante en la mejora de la comprensión del sector filantrópico. Este registro se ha convertido en una fuente de datos clave para los análisis recientes de la filantropía interna en México (por ejemplo, (Butcher García-Colín, 2022[1]; Cemefi, 2023[2]). Sin embargo, falta información importante, como la asignación sectorial de las donaciones, y no todos los flujos financieros se reportan adecuadamente en la base de datos. Estas limitaciones ponen de relieve la necesidad urgente de agilizar los procesos de recopilación de datos y promover una cultura de intercambio abierto de datos por parte de las autoridades públicas. Fortalecer las obligaciones de presentación de informes y ofrecer una orientación más clara para los actores filantrópicos no solo mejoraría la transparencia, sino que también serviría al propio interés del gobierno por diseñar alianzas y políticas más efectivas. Del mismo modo, una comprensión completa de las donaciones privadas podría ayudar a identificar funciones complementarias del financiamiento público y filantrópico. Con el fin de superar estas limitaciones, las futuras iniciativas de investigación deberían concentrarse en el desarrollo de una arquitectura integral y simplificada de recogida de datos de la OCDE para las organizaciones filantrópicas. Esto permitiría a las fundaciones ingresar datos de forma continua y, al mismo tiempo, aprovechar herramientas de inteligencia artificial (IA) al objeto de categorizar y armonizar la información recopilada.

2. Simplificar los procedimientos administrativos y crear un marco jurídico unificado para consolidar la formalización del sector filantrópico

México carece de una legislación específica que defina y regule a las entidades filantrópicas, que generalmente se consideran parte del sector general sin fines de lucro. El marco jurídico de las organizaciones filantrópicas sigue estando fragmentado y la supervisión está dispersa entre múltiples sistemas normativos nacionales y estatales. Establecer una definición y un marco jurídicos claros y unificados para las fundaciones filantrópicas a nivel nacional proporcionaría mayor seguridad jurídica, mejoraría la transparencia y permitiría un seguimiento más preciso de las contribuciones filantrópicas a los objetivos de desarrollo.

Al mismo tiempo, los procedimientos administrativos complejos y engorrosos han disuadido a muchas organizaciones de solicitar la condición de donatario autorizado, un requisito previo para emitir recibos deducibles de impuestos. Hasta el día de hoy, solo una cuarta parte de las organizaciones benéficas han obtenido esta condición, y muchas continúan operando fuera del marco regulatorio formal.

La reducción de las barreras burocráticas y la agilización del proceso de solicitud para convertirse en donatario autorizado podría facilitar una mayor formalización del sector. Asimismo, la ampliación del acceso a la condición de donatario autorizado mejoraría la trazabilidad de los flujos filantrópicos, fortalecería el cumplimiento de los estándares de transparencia fiscal y contribuiría a construir un ecosistema filantrópico más sólido, transparente y colaborativo en México.

3. Fortalecer la cooperación entre los sectores público y filantrópico

Existe una clara necesidad de mejorar la coordinación y el intercambio de información entre las autoridades públicas y las entidades filantrópicas y superar el actual clima de desconfianza. En la actualidad, más de dos tercios de las fundaciones encuestadas informan de una participación limitada o nula con los organismos del gobierno federal y otras agencias gubernamentales en el diseño y la implementación de sus proyectos.

El establecimiento de plataformas estructuradas para el diálogo y la promoción de mecanismos abiertos de intercambio de datos facilitarían una mayor alineación estratégica y mejorarían el impacto general de las iniciativas de desarrollo. Una carta colectiva reciente firmada por 1 518 organizaciones benéficas en octubre de 2024, en la que expresaban su voluntad de colaborar con la nueva administración de Claudia Sheinbaum Pardo, supone un avance positivo hacia alianzas público-filantrópicas más sólidas.

4. Abordar las desigualdades geográficas eliminando las barreras que impiden que los fondos lleguen a las regiones con altos niveles de pobreza

A pesar de los niveles persistentes de pobreza extrema en México, el financiamiento filantrópico nacional sigue estando muy concentrado en regiones urbanas y económicamente dinámicas. Las regiones más afectadas por la pobreza solo reciben niveles medios de financiamiento.

Los gobiernos y las fundaciones nacionales podrían colaborar más estrechamente para identificar y abordar las barreras estructurales que impiden que la filantropía llegue a las regiones más pobres. Las fundaciones nacionales locales y sus socios se encuentran en una posición privilegiada, dado su conocimiento del contexto y de los retos que plantea llegar a estas zonas, como la accesibilidad o la seguridad, para destinar una mayor parte de la financiación a las regiones desatendidas con alta incidencia de pobreza, donde el apoyo es muy necesario y menos disponible. De este modo, las fundaciones nacionales pueden amplificar aún más su papel transformador en la reducción de las disparidades regionales y la lucha contra la pobreza extrema.

Conclusión

Este informe marca un punto de partida importante para la participación del Centro de Filantropía de la OCDE en México y ofrece la primera visión general de las donaciones filantrópicas nacionales en el país. Arroja luz sobre una serie de cuestiones cruciales, como el entorno jurídico y normativo, los patrones de financiamiento, las prácticas operativas y los desafíos.

Los resultados destacan que el marco jurídico que rige la filantropía privada sigue estando fragmentado y que los recientes cambios de políticas han aumentado las limitaciones operativas de las organizaciones filantrópicas. El sector está muy concentrado, con un pequeño número de grandes fundaciones que representan una parte significativa del financiamiento, gran parte del cual se dirige a zonas urbanas donde tienen su sede muchas fundaciones. En consecuencia, la filantropía nacional no llega lo suficiente a las regiones más pobres de México.

En términos de asignaciones sectoriales, la filantropía interna se dirige principalmente a la salud, la educación y la infraestructura social. Esto contrasta con el financiamiento filantrópico internacional, que se centra más en la gobernanza y la sociedad civil, y con la ayuda oficial al desarrollo (AOD), que muestra una cobertura más amplia en sectores como la ayuda humanitaria, la protección del medio ambiente y la salud reproductiva.

Estas conclusiones se basan en los datos disponibles; sin embargo, la cobertura sigue siendo incompleta en lo que respecta a la filantropía nacional y, en menor medida, a la filantropía internacional. En cambio, los datos sobre la ayuda oficial al desarrollo (AOD) son exhaustivos y transparentes. No obstante, la falta de datos completos es especialmente evidente en la asignación sectorial nacional, para la cual este informe proporciona una primera estimación. Mejorar la calidad de los datos será esencial a la hora de obtener una comprensión profunda y orientar la formulación de políticas con base empírica. El Centro de Filantropía de la OCDE seguirá apoyando este esfuerzo mediante la investigación continua y el compromiso con las partes interesadas en México.

De cara al futuro, las próximas áreas de investigación podrían incluir el examen de otros países latinoamericanos con estructuras jurídicas unificadas con el fin de entender mejor cómo estos marcos difieren de los de México y sus posibles implicaciones para la actividad filantrópica. También se necesitan más análisis que permitan explorar cómo se distribuye el financiamiento entre sectores y regiones, en particular para explicar por qué ciertas áreas (como la protección del medio ambiente y la salud reproductiva) reciben un apoyo comparativamente limitado. De manera similar, en el contexto mexicano, sería valioso estudiar con más detalle las asignaciones subsectoriales, en especial dentro de la categoría de protección social, que emergió como el subsector con mayor financiamiento.

Referencias

Butcher García-Colín, J. (2022), *Generosidad en México III, Fuentes, causes y destinos*, México: Porrúa, CIESC y Tecnológico de Monterrey, http://www.porrua.com. [1]

Cemefi (2023), *Compendio Estadístico del Sector no Lucrativo - Segunda edición 2023*, https://www.cemefi.org/centrodedocumentacion/11568.pdf. [2]

Anexo A. Metodología

Fuentes de datos y limitaciones

Este informe analiza los flujos financieros de 2020 a 2023 utilizando datos de proyectos y donaciones proporcionados por los participantes de la encuesta. En el caso de las organizaciones que no participaron en la encuesta o presentaron datos parciales, el análisis se basa en datos administrativos a disposición del público de la base de datos del SAT de donatarios autorizados (SAT, 2025[1]). Con el objetivo de garantizar la coherencia con la presentación de informes del SAT, que exige que cada entidad jurídica de una fundación informe por separado, el informe adopta el mismo enfoque. Por ejemplo, la Fundación Teletón reportó el financiamiento de sus tres entidades jurídicas: Fundación Teletón México, Fundación Teletón Vida y Fundación Teletón. Para evitar la doble contabilización de los flujos, el análisis excluye las transferencias financieras internas entre organizaciones dentro de la muestra.

La base de datos del SAT contiene registros de donaciones bajo dos encabezados: Donaciones otorgadas, que especifica las transferencias totales a otros donatarios autorizados, y Destino de las donaciones, que ofrece detalles geográficos y breves descripciones de cada una de ellas. Cuando hubo discrepancias entre las dos fuentes, en el análisis se utilizó el monto mayor. Para el análisis geográfico, sectorial y de destinatarios, se utilizó únicamente la hoja Destino de las donaciones, ya que la hoja Donaciones otorgadas carece de tantos detalles.

Tabla A A.1. Muestra primaria

Fundaciones participantes en las encuestas organizacionales y financieras

Nombre de la fundación	Participante en la encuesta organizacional	Participante en el cuestionario financiero	Recursos privados propios
Aquí Nadie Se Rinde	sí	no	sí
Asociación Ale Institución de Asistencia Privada	sí	no	no
Banco de Alimentos de Cuernavaca	sí	no	no
Be The Match México	sí	no	sí
Campeones de la Vida NR	sí	no	sí
Casa Hogar Alegría	sí	sí	no
Casa Monarca. Ayuda humanitaria al migrante	sí	no	no
Católicas por el Derecho a Decidir	sí	no	no
Centro de Adiestramiento personal y social	no	sí	sí
Centro de Autonomía Personal y Social	sí	sí	no
Comisión Mexicana de Derechos Humanos	sí	no	sí
Construyendo a México Crecemos	sí	no	no
Corporativa de Fundaciones	sí	sí	sí
Data Cívica	sí	no	no
Espacio de Encuentro de las Culturas Originarias	sí	no	no
Fomento Cultural y Educativo	sí	no	sí
Fomento Social Citibanamex	sí	sí	sí
Fundación Forge	sí	no	no
Fondo Semillas	sí	sí	no

Fundación Alfredo Harp Helú Oaxaca	sí	no	sí
Fundación Banorte	sí	sí	sí
Fundación BBVA en México	sí	sí	sí
Fundación Borges Coppel	sí	sí	sí
Fundación Carlos Slim	sí	sí	sí
Fundación CIMA Chihuahua	sí	no	sí
Fundación Coppel	sí	sí	sí
Fundación DEACERO	sí	no	sí
Fundación del Empresariado en México	sí	sí	sí
Fundación del Empresariado Sonorense	sí	no	no
Fundación del Empresariado Yucateco	sí	sí	sí
Fundación Dibujando un Mañana	sí	sí	no
Fundación Gonzalo Río Arronte	sí	sí	sí
Fundación Grupo Aeroportuario del Pacífico	sí	no	sí
Fundación Haciendas del Mundo Maya	sí	no	sí
Fundación Ibero Meneses	sí	no	sí
Fundación Jorge Vergara	sí	sí	sí
Fundación Kaluz	sí	sí	sí
Fundación León XIII	sí	no	sí
Fundación María Ana Mier de Escandón	sí	sí	sí
Fundación Mier y Pesado	sí	no	sí
Fundación Moisés Itzkowich	sí	sí	sí
Fundación Patronato Pro Zona Mazahua A.C.	sí	sí	no
Fundación por una Nueva Solución	sí	no	sí
Fundación Pro Empleo Productivo	sí	sí	no
Fundación Sertull	sí	sí	sí
Fundación Teletón	sí	sí	sí
Fundación Teletón México	sí	sí	sí
Fundación Teletón Vida	sí	sí	sí
Fundación TV Azteca	sí	sí	sí
Fundación Ver Bien Para Aprender Mejor	sí	no	no
Fundación Walmart de México	sí	no	sí
Hospitalidad y Solidaridad	sí	no	no
Impulso Universitario	sí	no	no
Instituto Nuevo Amanecer	sí	sí	no
Fundación Infantil Los Cabos	sí	no	sí
Modelo de Formación Integral Diseña el Cambio	sí	sí	no
Montepío Luz Saviñón	sí	sí	sí
Nacional Monte de Piedad	sí	no	sí
Proeducación	sí	no	no
Quiera, Fundación de la Asociación de Bancos de México	sí	no	sí
Unidos Asociación Pro Trasplante de Médula Ósea "Francisco Casares Cortina"	sí	sí	no
Valle de María	sí	no	sí
Vínculos y Redes	sí	no	sí

Nota: Las organizaciones se enumeran en orden alfabético.

Tabla A A.2. Muestra suplementaria

Fundaciones citadas en el portal de la Secretaría de Hacienda y Crédito Público (SHCP)

Nombre de la fundación
Acción Cultural y Social de Monterrey
Adobe Home Aid
Afectividad y Sexualidad
Al Servicio De Mis Hermanos
Albergue Infantil Los Pinos
Alfa Fundación
Amigos de Filantrofilia
Asilo de Niños y Casa Hogar
Asistencia Social Alcalde
Asociación A Favor de Lo Mejor
Asociación Civil Filantrópica y Educativa
Asociación de Asistencia Privada OSE, Organización de Servicio a Enfermos
Asociación de Ayuda Social de la Comunidad Alemana
Asociación Educacional México Central
Asociación Franco Mexicana Suiza y Belga de Beneficencia
Asociación Mexicana de Ayuda a Niños con Cáncer
Asociación Mexicana de Bancos de Alimentos
Asociación Mexicana de Cienciología para el Desarrollo de la Comunidad Social
Asociación Mexicana de Diabetes en la Ciudad de México
Asociación Mexicana de la Lucha Contra el Cáncer
Asociación Mexicana para las Naciones Unidas de Jóvenes
Asociación Pro Personas con Parálisis Cerebral
Asociación Programa Compartamos
Ayuda Mutua Esencial
Ayuda y Solidaridad con las Niñas de la Calle
Baisae
Banco de Alimentos de Cáritas de Aguascalientes
Banco de Alimentos de Hermosillo
Banco de Alimentos de Zapotlanejo
Banco de Ayuda
Banco Diocesano de Alimentos Guadalajara
Best Buddies México
Caminos de la Libertad Ideas y Debate
Campo San Antonio Fundación Pape
Cáritas Diocesanas de Torreón
Casa Canisio de Guadalajara
Casa de la Amistad para Niños con Cáncer
Casa Hogar SIMNSA
Centro de Apoyo Opciones Dignas
Centro de Asesoría y Promoción Juvenil
Centro de Desarrollo Alternativo Indígena
Centro de Información y Comunicación Ambiental de Norte América
Centro de Investigación y Promoción Educativa y Cultural
Centro para los Adolescentes de San Miguel de Allende
Ciudad de los Niños
Ciudad de los Niños de Monterrey
Club de Niños y Niñas de Nuevo León
Comedor Santa María
Compromiso Naranja

Comunidad y Familia de Chihuahua
Grupo Amigos de Niños Afectados con Cáncer
Construyendo Comunidades Integrales
Cooperación Comunitaria CC ONG México
Coordinadora de Servicios de Apoyo a la Familia
Cruz Rosa
Dakshina
Desarrollo Juvenil Del Norte
Destellos de Luz
Documentación y Estudios de Mujeres
Ednica
Eishel Nuestro Hogar
Espacios Naturales y Desarrollo Sustentable
Federación Mano Amiga
Flora, Fauna y Cultura de México
Fomento Cultural y Educativo
Fomento Educacional
Fomento Moral y Educativo
Fondo Ambiental Metropolitano de Monterrey
Fondo del Golfo de México
Formación Social y Académica
Formadores Mexicanos
Foro Mar de Cortés
Fratesa
FUCAM
Fundación ABC
Fundación ADO
Fundación Aguirre, Azuela, Chávez, Jáuregui Pro Derechos Humanos
Fundación Alberto Baillères
Fundación Alberto y Dolores Andrade
Fundación Alsea
Fundación Amigos en Apoyo de la Nutrición
Fundación Amparo
Fundación Antonio Chedraui Caram
Fundación Antonio Haghenbeck y de la Lama
Fundación ARA
Fundación Arte, Educación y Talento Compartido
Fundación Avina México
Fundación AXA
Fundación Becar
Fundación Beckmann
Fundación Bepensa
Fundación BEST
Fundación Beta San Miguel
Fundación Bringas-Haghenbeck
Fundación Cántaro Azul
Fundación Casa Alianza México
Fundación Castro-Limón
Fundación Ceili
Fundación Claudia y Roberto Hernández
Fundación Clisa
Fundación CMR
Fundación Comunitaria de la Frontera Norte

Fundación Comunitaria Oaxaca
Fundación Cuauhtémoc Hank Rhon
Fundación Dalton
Fundación De Beneficencia Privada Villas Juan Diego
Fundación de Beneficencia Jesús M Montemayor
Fundación de Investigaciones Sociales
Fundación de Obras Sociales de San Vicente
Fundación de Rehabilitación Infantil Teletón
Fundación del Dr. Simi
Fundación Delia Morán Vidanta
Fundación Diez Morodo
Fundación Doctor Hernández Zurita
Fundación Don Antonio Rivera Venegas
Fundación Dr. José María Álvarez
Fundación Dr. Burton E. Grossman
Fundación Dr. Sonrisas
Fundación Eduardo Tricio Gómez
Fundación EDUCA México
Fundación Educación y Salud
Fundación ESRU
Fundación Familia Bocar
Fundación Familiar Infantil
Fundación Farmacias del Ahorro
Fundación FEMSA
Fundación FICOSEC
Fundación Francisca Campero de Pasquel
Fundación Fraternidad sin Fronteras
Fundación FRISA
Fundación Gazpro
Fundación Gentera
Fundación GRUMA
Fundación Grupo Bafar
Fundación Grupo Imperial
Fundación HEB en la Comunidad
Fundación Hogares
Fundación Hospital Nuestra Señora de la Luz
Fundación Iberdrola México
Fundación IMSS
Fundación Inbursa
Fundación Incluyendo México
Fundación Ingeniero Alejo Peralta y Díaz Ceballos
Fundación Integral Multidisciplinaria Humana
Fundación INTERprotección
Fundación John Langdon Down
Fundación Josefa Vergara y Hernández
Fundación Juárez Integra
Fundación Julita
Fundación Lala
Fundación Lazos
Fundación Legorreta Hernández
Fundación Letty Coppel
Fundación Licio y Gloria
Fundación Magdalena Ruiz Del Valle

Fundación Marie Stopes México
Fundación Merced
Fundación Mexicana para la Educación, la Tecnología y la Ciencia
Fundación Michou y Mau
Fundación Nemi
Fundación Niños de Eugenia
Fundación Olamí ORT
Fundación Palace Resorts
Fundación para el Apoyo a la Formación de la Infancia
Fundación para la Protección de la Niñez
Fundación para Unir y Dar
Fundación Patrimonio Natural de Castilla y León
Fundación Pedro y Elena Hernández
Fundación PEPE
Fundación PepsiCo México
Fundación Plaza Mayor
Fundación por un Campo Productivo
Fundación Pro Ayuda a la Mujer Origen
Fundación Pro Universitaria
Fundación PROMAX
Fundación Providencia
Fundación Quinta Carmelita
Fundación Rafael Dondé
Fundación Resucita
Fundación Roberto Hernández Ramírez
Fundación Sempra Infraestructura
Fundación SIMNSA
Fundación Sólo por Ayudar
Fundación Soriana
Fundación Stella Vega
Fundación Tamariz Oropeza
Fundación Tarahumara José A. Llaguno
Fundación Televisa
Fundación Telmex
Fundación Tichi Muñoz
Fundación Treviño Elizondo
Fundación Unifin
Fundación Valentín Rodríguez
Fundación Xignux
Fundación Zaber
Gestación de Proyectos Sociales
Grupo de Información en Reproducción Elegida
Grupo Ecológico Sierra Gorda
Hogar de la Misericordia
Hogar y Caridad Social Sonorense
Hogar y Cultura
Hogar y Futuro
Institución Asistencial
Institución de Beneficencia Privada Escuela Hogar Nuestros Pequeños Hermanos
Institución Normativa de los Indigentes
Instituto Carlos Slim de la Salud
Instituto Mexicano para la Excelencia Educativa
Instituto Mexicano para la Excelencia Educativa

Internado Infantil Guadalupano
Jaim Bejesed
Juan Vergara Casas
Kadima
Kalimori
Kardias
La alegría de los niños
La Sociedad de Beneficencia Alianza Monte Sinaí
Laboratoria Coding
León Ortigosa
Mayama
México Cabala
México Unido Contra la Delincuencia
Mi Gran Esperanza
Milagros Caninos
Ministerios de Amor
Misión Posible México
Mondphase
Monte de Piedad
Mujer con Valor
Niños en Alegría
Niños Totonacos
Nutre a un Niño
Orfanatorio de la Soledad de María
Parques Alegres
Patronato Amigos de la Sierra de Arteaga Coahuila
Patronato de Asistencia Social y Cultural
Patronato de la Casa de los Niños de Saltillo
Plan Estratégico de Juárez
Preservación del Patrimonio Indígena
Prevenir para ser Independiente
Pro Superación Familiar Neolonesa
Procura
Promotora de Iniciativas de Desarrollo
Pronatura México
Pronatura Noroeste
Prosalud y Lucha contra el Cáncer
Protección de la Fauna Mexicana
Proyecto Salesiano Tijuana
Reforestamos México
Reserva para la Protección de la Flora y Fauna Silvestre y Domestica y del Medio Ambiente
Residencia Vasco de Quiroga
Salud de los Enfermos
Santa María del Mexicano de Colón Querétaro
Sistema de Observación por la Seguridad Ciudadana
Sociedad Botánica y Zoológica de Sinaloa
Sociedad de Asistencia Panamericana
Sociedad de Beneficencia Sedaka y Marpe
SORECE Asociación de Psicólogas Feministas
Superación Excelencia Resultados
Tamsa
Tipul
Tonantili

Un Kilo de Ayuda
ÚNETE
Unidos Por La Montaña
Vía Educación
Villas Asistenciales Santa María
Voluntad Solidaria Por México
Voluntariado Estamos Contigo
Yad Rajamim Shaare Dina

Nota: Las organizaciones se enumeran en orden alfabético.

Referencias

SAT (2025), *Secretaría de Hacienda y Crédito Público | Gobierno | gob.mx*, https://www.gob.mx/shcp (accessed on 6 March 2025). [1]

Anexo B. Conversiones de moneda

Fuentes de los datos y limitaciones

A lo largo de este informe, a menos que se indique lo contrario, se utilizan tipos de cambio nominales de final de año para convertir pesos mexicanos (MXN) en dólares de los Estados Unidos (USD) (OCDE, 2022[1]); Para deflactar el financiamiento se utilizaron los índices de precios al consumo (IPC) anuales mexicanos de la siguiente manera:

Tabla A B.1. Tipos de cambio e índice de precios al consumo aplicables a México

Año	MXN – USD Tasa de cambio nominal de final de año	IPC en México (2023 = 100)
2020	19.95	83.10
2021	20.58	87.83
2022	19.41	94.76
2023	16.92	100

Fuente: (OCDE, 2025[2]).

Referencias

OCDE (2025), “Inflation (CPI)”, (indicator), https://doi.org/10.1787/eee82e6e-en (accessed on 6 February 2025). [2]

OCDE (2022), “Exchange rates”, (indicator), https://doi.org/10.1787/037ed317-en (accessed on 12 December 2020). [1]

www.ingramcontent.com/pod-product-compliance
Ingram Content Group UK Ltd.
Pitfield, Milton Keynes, MK11 3LW, UK
UKHW051643031026
15588UKWH00007B/1292

9 789264 946187